本书为国家自然科学基金项目
"基于专利权的上市公司自主创新对其金融决策和
价值的影响机理研究"(71563020)资助

公司治理与公司决策

GONGSI ZHILI YU GONGSI JUECE

杨菁菁◎著

中国社会科学出版社

图书在版编目（CIP）数据

公司治理与公司决策/杨菁菁著.—北京：中国社会科学出版社，2017.7
ISBN 978-7-5161-9319-8

Ⅰ.①公… Ⅱ.①杨… Ⅲ.①公司—企业管理—研究 ②公司—经营决策—研究 Ⅳ.①F276.6

中国版本图书馆 CIP 数据核字（2016）第 280737 号

出 版 人	赵剑英
责任编辑	卢小生
责任校对	周晓东
责任印制	王　超
出　　版	中国社会科学出版社
社　　址	北京鼓楼西大街甲 158 号
邮　　编	100720
网　　址	http://www.csspw.cn
发 行 部	010-84083685
门 市 部	010-84029450
经　　销	新华书店及其他书店
印　　刷	北京明恒达印务有限公司
装　　订	廊坊市广阳区广增装订厂
版　　次	2017 年 7 月第 1 版
印　　次	2017 年 7 月第 1 次印刷
开　　本	710×1000　1/16
印　　张	12
插　　页	2
字　　数	164 千字
定　　价	55.00 元

凡购买中国社会科学出版社图书，如有质量问题请与本社营销中心联系调换
电话：010-84083683
版权所有　侵权必究

前　言

公司治理是一门构建于企业所有权层次上的横跨管理学和金融学的子学科。公司治理涵盖的范畴非常广，包括企业所有权的结构和层次、内部管理和监督人员的特征、内部监督和审查机制的设定、外部的监管机制的效率、资本市场的完善程度等。一个良好的公司治理体系的构成需要满足企业内、外部各项治理机制都能充分发挥其治理效果的条件。本书从企业各项内、外部治理机制开始解释它们在企业价值最大化和投资者权益保障方面的作用。本书中涉及的内部治理机制包括股权结构、监事与独立董事、董事会的选聘和董事会的运行、董事会及管理层的多样性、董事长和总经理两职的设立、高层管理者的薪酬和激励、内部审计机制；外部治理机制则包括机构投资者、债权人、会计师事务所、控制权市场、政府监督、证券分析师。由于部分公司治理机制都只针对上市公司而非上市公司，在包括独立董事等方面并没有强制性要求，并且也缺乏普通个人投资者和机构投资者的积极参与，因此，本书关于公司治理的内容大部分都着重描述治理机制针对上市公司的设定情况及其发挥的作用。

良好的治理机制能有效地帮助提升企业价值和保障投资者合法权益，这种效果更直观地体现在对企业各项重要决策方面进行约束和监督，从而使企业的决策与企业各相关方的利益最大化之目标相吻合。因此，本书第二部分主要阐述企业重要决策的基本信息以及治理机制对这些决策的制定与执行所产生的影响。这些重要决策包括首次公开发行股票、分红派息、股票回购、资本结构调整、社会责任履行、创新行为和违规行为等。与第一部分关于治理机制的内容相类似，第二部分也是以上市公司为对象进行描述与分析的。这是由于上述决策行为都集中于上市公司中，而其他未公开发行股票的企业在此方面并无太多的涉及或需求。

  本书系统地阐述了公司治理与决策方面的相关内容，并使用了大量最新的数据和真实的案例对相关的理论进行佐证，希望能以此帮助读者了解企业，尤其是上市公司在这些方面的实际情况。我国A股市场成立至今已有20余年，虽然与发达资本市场相比，仍处于较为"年轻"的阶段，但市场已经孕育了大量投资者，截至2016年1月，A股投资者开户数量已经突破1亿，总数量为10038.85万，其中，自然人和非自然人的数量分别是10010.12万和28.73万。[①] 虽然投资者数量庞大，但是，从我国国情来看，大多数投资者（尤其是散户投资者）对于公司治理与决策方面的相关专业知识都有所欠缺，这对投资者自身的利益保障和市场整体的稳步发展都会产生一定的负面影响。因此，本书也希望帮助正在或有意投资于A股市场的读者更多地了解上市公司的治理与决策方面的基础知识。

  最后，阐述公司治理问题，第一章至第八章研究公司各项重要决策行为，以及公司治理在其中发挥的作用。第九章对全书进行总结并提出展望。

---

① 林志吟：《1月份投资者突破1亿》，《信息时报》2016年2月1日。

目 录

第一章 公司治理 ··· 1

第一节 内部治理 ······································· 2
- 一 股权结构和代理冲突 ···························· 2
- 二 监事与独立董事 ································ 27
- 三 董事的选聘与董事会的运行 ···················· 35
- 四 董事长、总经理以及两职分离 ·················· 39
- 五 高层管理者的薪酬和激励 ······················ 42
- 六 董事会及管理层的多样性 ······················ 46
- 七 内部审计 ······································ 50

第二节 外部治理 ······································· 53
- 一 机构投资者 ···································· 53
- 二 债权人 ·· 60
- 三 会计师事务所 ·································· 65
- 四 控制权市场 ···································· 72
- 五 政府监督 ······································ 76
- 六 上市公司分析师 ································ 79

本章小结 ·· 82

第二章 首次公开发行股票 ································ 84

第一节 首次公开发行股票 ······························ 84
- 一 一级市场与二级市场 ···························· 84

二　注册制与核准制 …………………………………… 84
　　三　发行条件 …………………………………………… 86
　　四　IPO 折价 …………………………………………… 87
第二节　沪深 A 股市场简介 ………………………………… 90
　　一　市场情况 …………………………………………… 90
　　二　沪深 A 股市场交易方式 …………………………… 91
　　三　A 股市场存在的其他问题 ………………………… 94
　　四　沪港通 ……………………………………………… 95

第三章　分红派息 …………………………………………… 100

第一节　分红派息的基本情况解析 ………………………… 100
　　一　为何要分红派息 …………………………………… 100
　　二　分红派息的方式及结算 …………………………… 101
第二节　现金股利 …………………………………………… 102
　　一　现金股利的发放及其影响 ………………………… 102
　　二　A 股上市公司的现金股利发放情况 ……………… 109
第三节　股票股利 …………………………………………… 111
　　一　股票股利的发放及其影响 ………………………… 111
　　二　转增股本 …………………………………………… 113
　　三　A 股上市公司的转增股本行为 …………………… 114

第四章　股票回购 …………………………………………… 115

第一节　股票回购行为的起源 ……………………………… 115
第二节　我国的股票回购行为 ……………………………… 116
　　一　股票回购行为的产生及规定 ……………………… 116
　　二　股票回购行为的动机 ……………………………… 116
　　三　股票回购的后续影响 ……………………………… 120

第五章　股权再融资及资本结构调整 …… 123

第一节　配股 …… 123
　　一　配股简介 …… 123
　　二　配股的要求 …… 124
　　三　配股行为中存在的问题 …… 126

第二节　增发 …… 129
　　一　增发概述 …… 129
　　二　公开增发 …… 131
　　三　定向增发 …… 132
　　四　债务调整 …… 138
　　五　最优资本结构 …… 139

第六章　企业社会责任 …… 144

第一节　企业社会责任的重要性 …… 144
第二节　我国企业社会责任履行情况 …… 145
　　一　自愿发布责任报告 …… 145
　　二　企业社会责任的影响因素 …… 147

第七章　公司创新 …… 154

第一节　创新的重要性 …… 154
第二节　研发 …… 155
　　一　研发投入水平 …… 155
　　二　我国企业研发投入分析 …… 157
第三节　专利 …… 159
　　一　基本情况 …… 159
　　二　上市公司专利 …… 163
　　三　专利权的信息披露 …… 167

第八章　上市公司违规行为 ·················· 169

第一节　违规行为概述 ·················· 169
第二节　A股上市公司违规行为 ·················· 170
 一　部分违规情况介绍 ·················· 170
 二　处罚方式 ·················· 171
 三　上市公司违规行为的动机及控制机制 ·················· 175

第九章　总结及展望 ·················· 177

后记 ·················· 181

第一章 公司治理

公司治理（corporate governance）是一系列关于程序、制度、法规、政策以及机构的总称，其目的在于管理和控制公司，提升公司绩效，保障投资者权益。公司治理的结构和准则旨在将相应的权利和责任合理地分配给公司内部及外部的利益相关方，包括股东、管理层、审计人员、员工、债权人等，规范和激励他们的行为，并使他们恪尽职守。良好的公司治理可以保证公司决策的效率、效果和合理性，并且符合公司各方面人员和部门的利益。学术界对公司治理的定义不尽相同，有学者将公司治理定义为公司资金提供者用以保障其获得合理回报的方法或工具。[1] 还有学者认为，公司治理是用于控制公司行为的法律、制度和其他相关因素的综合。[2]

虽然定义存在差异，但是，从运行机制角度出发，学术界普遍将公司治理分为内部治理和外部治理两类。内部治理机制包括公司实际控制人和大股东、董事会及其他非董事高层管理者、内部审计机构以及其他内部监督机构等。外部治理机制包括公司的债权人（例如，银行、公司发行的债券的持有人等）、对公司进行审计的会计师事务所、所在行业的产品市场竞争、并购机制、政府监管机构和司法体系等。

---

[1] Shleifer, A. and Vishny, R., "Survey of corporate governance", *Journal of Finance*, Vol. 52, No. 2, 1997, pp. 737–783.

[2] Gillan, S. L. and Starks, L. T., "Corporate governance proposals and shareholder activism: The role of institutional investors", *Journal of Financial Economics*, Vol. 57, 2000, pp. 275–305. Gillan, S. L., "Recent development in corporate governance: A review", *Journal of Corporate Finance*, Vol. 12, No. 3, 2006, pp. 381–402.

公司治理，不仅会显著影响公司自身绩效的高低和运营的稳定性，而且对公司所在国家或地区的宏观经济和金融市场也有举足轻重的作用。1997年源于泰国并横扫印度尼西亚、马来西亚、新加坡、韩国和中国香港等东南亚多个经济体的金融危机使这些国家和地区出现了严重的经济衰退，甚至还导致了泰国等部分国家和地区的政局出现动荡。抛开这些国家和地区的经济导向、汇率制度和外汇储备等因素，糟糕的公司治理也是引发这场金融危机的主要因素之一。

在金融危机发生时，东南亚国家和地区对境内公司的外部投资者的保护力度普遍较差，这种情况主要体现在这些国家和地区缺乏有效的机制限制管理层对外部或中小股东的资金和利益侵占（如滥用或挪用公司资金等行为）。因此，当资本市场中投资者信心减弱时，外部投资者会重新评估其投入的资金是否存在被大股东或管理层滥用的概率和比例，从而考虑调整他们的投资额度，并导致区域内资产价值的下滑和本币汇率的下跌。[1]

学术界将控制人和管理层基于自身利益滥用或挪用公司资金的行为看作是公司中存在的委托—代理冲突的结果，即公司的代理和委托人利益并不完全一致时，代理人有动机为了扩大自身利益而做出损害委托人利益的行为。而公司治理机制则是能限制代理冲突最主要和最有效的手段之一。

第一节　内部治理

一　股权结构和代理冲突

（一）股权结构

公司是企业组织形式的一种，通常指具有独立法人财产、以营

---

[1] Johnson, S., Boone, P., Breach, A. and Friedman, E., "Corporate governance in the Asian financial crisis", *Journal of Financial Economics*, Vol. 58, 2000, pp. 141-186.

利为目的的企业法人。本书所说的公司治理与公司创新中的"公司"主要是指股份有限公司。股份有限公司与其他组织形式企业的不同点在于：股份有限公司以其全部资产对其所负债务承担责任，而所有人（或出资人即股东）以其认缴的出资额对公司承担有限责任。股份有限公司的股权结构则是指公司总股本中不同性质的股份和来自不同股东的股份所占比例及其相互关系。股份有限公司之间的股权结构差异很大，这种差异也决定了不同的公司治理结构，并显著地影响公司的决策行为和经营绩效。

1. 集中的股权结构

最简单和最常见的对股份有限公司的股权结构进行分类的方式是将其分为集中的股权结构和分散的股权结构两大类。具有集中的股权结构特征的股份有限公司有单一的控股股东，其持有的股份占公司总股本的比例较大。在这种情况下，控股股东对公司的日常管理事务和重要决策行为具有其他单一股东难以抗衡的控制力。如果控股股东的持股比例超出50%，则其在股份有限公司绝大多数的决策制定过程中具有决定权。当然，也有例外情况。比如，为了保护中小股东的利益，很多国家规定在上市公司选举董事时，采取累积投票制（accumulate vote），即股东所持的每一股份拥有与当选董事总人数相等的投票权。[①] 相反，具有分散的股权结构特征的公司则没有单一的控股股东，每个股东持有的股份比例都不足以达到以一己之力来决定公司重要决策的额度。

凡事皆有利弊，且都需要用辩证的眼光来看待。两种截然不同的股权结构也各有其优劣。公司股权结构集中时，由于控股股东有效地掌握了公司的控制权，如果其在公司董事选举时又采用得当的策略，其委派的董事可在董事会中占据多数席位，那么公司在制定各类型决策时就能有效地避免烦琐和冗长的争辩，提高决策及执行效率。此外，由于有控股股东的存在，公司管理层（尤其是董事长

[①] 详细情况参见第一章第一节"董事的选聘与董事会的运行"有关内容。

和总经理）的任免和薪酬会极大地受制于控股股东，从而使其行为必须尽可能地满足控股股东的需求，股东与管理层之间的代理冲突也可以得到一定程度的抑制。然而，集中的股权结构虽然提升了公司的决策效率，但不一定会带来最佳的决策效果。主要原因在于控股股东往往会从自身利益最大化角度出发，决定公司的经营和投资策略，例如，要求公司与其持股的另一家公司进行关联交易等。类似的行为不一定会符合其他股东的利益，尤其是中小股东的利益。

2. 分散的股权结构

反观股权结构分散的股份有限公司，由于没有单一的控股股东，董事会成员会更广泛地代表不同股东的利益，因此，股份有限公司制定重要投资和经营决策时会更充分地考虑不同股东的诉求。但是，正因为如此，公司的决策制定过程也往往伴随着激烈的辩论和争执，而降低决策效率，甚至会令公司错过良好的投资机会。此外，分散的股权结构会加剧作为委托人的股东与作为代理人的管理层之间的代理冲突。在缺乏实际控制人的股份有限公司中，公司股东难以有效地约束管理层的行为，使管理层获得更多机会来追求自身利益最大化，而类似行为则很有可能会损害股东的利益。

2015年开始发生的"宝万之争"就是很好的实例。万科企业股份有限公司（以下简称万科）是一家在深圳和香港两地上市的房地产行业上市公司，其股权结构较为分散，在2015年年中时，其第一大股东华润集团仅持有占万科总股本15%的股份。以宝能集团为中心的资本集团（以下简称宝能系）自2015年7月起在二级市场（对已经发行的证券进行买卖、转让和流通的市场）上持续购入万科股票而逐渐成为万科的第一大股东。万科的管理层为拒绝宝能系对万科的控制，从2015年12月8日开始实施停牌（暂停股票在股票市场上进行交易）并着手对万科进行重组。万科的持续停牌超过半年时间，导致大量持有万科股票的中小股东在这段时间里无法进行交易。这便是典型的股权分散背景下委托—代理冲突导致中小股东权益受损的现象。

3. 金字塔形持股结构

股份有限公司股权结构中另一个常见的情况是金字塔形的持股结构。顾名思义，金字塔形的持股结构是指股份有限公司的实际控制人是通过间接持股形成一个金字塔形的控制链来取得对公司的实际控制权。举例来说，A公司的实际控制人是B公司，B公司的实际控制人为C公司，而C公司的控股股东为自然人D，因此，自然人D便是A公司的实际控制人。金字塔形持股结构是一个多层级、多链条的控股形式。它最大的好处是可以赋予实际控制人更多的资源，令其以相对较少的资金掌控更多公司。

金字塔形持股结构通常会导致公司现金流权和控制权的分离。所谓现金流权，就是公司实际控制人参与公司现金流分配的权利。接上例，假设自然人D持有C公司50%的股份，C公司持有B公司50%的股份，B公司则持有A公司50%的股份，那么自然人D作为A公司的最终控股股东只能获得A公司12.5%（即50%×50%×50%）的现金权。因此，自然人D对A公司的控制权（50%）要远远大于其参与A公司的现金流分配的权利（12.5%）。值得注意的是，虽然金字塔形的持股结果对于股份有限公司的终极控制人D来说是以小博大、有利无害的（因为其可以通过较少的资金控制较多的资源），但是，这种控股方式会显著提升自然人D侵占A公司资产的动机，从而扩大其他股东（尤其是中小股东）利益受损的风险。

金字塔形持股结构在我国沪深A股上市公司中也很常见。以在深交所上市的美的集团（深交所代码000333）为例，美的集团2015年年报披露，其第一大股东为美的控股有限公司，而后者的实际控制人为何享健。根据《第一财经日报》[①]的报道，何享健持有美的控股超过90%的股份，为美的集团的终极控制人。

---

① 慕青：《美的少东家卷入做空疑云 何享健父子1800亿金融帝国出水》，《第一财经日报》2015年8月4日。

此外，金字塔形持股结构在国有企业中也非常普遍。以华润（集团）有限公司（以下简称华润集团）为例，华润集团是一家在香港注册和运营的多元化控股企业集团，2003年归属国务院国有资产监督管理委员会（以下简称国资委）直接管理。华润直接控股的上市公司共有5家，分别是华润啤酒、华润电力、华润水泥、华润置地和华润燃气，5家公司均在香港证券交易所上市。另外，华润还通过旗下华润医药集团有限公司（华润集团持有华润医药72%的股份）间接控制三家A股上市公司：华润三九（深交所代码000999）、东阿阿胶（深交所代码000423）和华润双鹤（上交所代码600062）。根据2015年年报披露，华润医药集团分别持有华润三九和东阿阿胶63.59%和23.14%的股份。而华润医药集团全资子公司北京医药集团有限责任公司（以下简称北药）则持有华润双鹤59.99%的股份。华润医药集团在2010年7月完成对北药的并购，并购完成后，华润医药获得北药100%的股权，而北药的原控制人则成为华润医药股东，获得后者28%的股份。华润集团通过其子公司华润医药对北药的收购，获得了A股上市公司华润双鹤（原双鹤药业）的控制权，扩大了其在医药行业的资本布局，通过金字塔形持股结构掌控了更多医药行业的研发和生产资源以及更多的市场占有率。

4. 股权分置及改革

相比西方发达国家（尤其是美国、英国等国家）的上市公司普遍具有分散的股权结构，我国上市公司的股权结构则较为集中。此外，在股市成立初期，除股权结构集中的特点外，我国上市公司还存在另外一个问题：股权分置。沪深两市分别成立于1990年11月26日和1990年12月1日。两市成立后，在交易所上市的公司的股票按其流通性可以分为流通股和非流通股两类。非流通股的存在主要是由于中央政府当时希望能继续维持对国有上市公司的控制权，故不允许部分股票在股票市场流通。

非流通股主要包括国家股、国有法人股、内资及外资法人股和自然人股。其中，国有股和国有法人股占非流通股总量的最大部分。国有股主要是由中央政府和地方政府，以及它们的下设机构（如财政部、厅和国资委等）持有。国有法人股则主要是由国有企业（包括中央企业和地方国有企业）持有。在股权分置改革开始之前，我国上市公司的国有股和国有法人股平均各约为30%，其他各类型投资者持股总和则平均约为40%。[1] 在2000年年初时，政府通过金字塔形持股结构控制了绝大多数的A股上市公司。[2]

非流通股并非完全不能流通，其可以在由证监会批准的情况下通过拍卖或协议转让的方式来进行流通。[3] 在实际交易中，非流通股的转让价格是在每股净资产的基础上进行商议而定，故其转让价格通常要远低于流通股的市场价格。这便使A股市场的股票定价机制产生扭曲，并弱化了股票市场的价格发现功能。

此外，由于非流通股股东无法获得二级市场中股票价格上涨带来的财富增加的效应，非流通股的存在还会扩大大股东侵占上市公司资产的动机。根据2006年证监会与国家经贸委联合进行的"上市公司建立现代企业制度专项检查"及发布的消息，2002年，有676家A股上市公司存在总额高达967亿元人民币被控股股东以各种形式侵占的现象；2003年，有623家A股上市公司存在总额577亿元人民币被控股股东以各种形式侵占的现象；2005年，有480家A股上市公司的控股股东占用上市公司资金总额达到480亿元人民币。到目前为止，类似的现象在A股市场依然频频发生。2016年5月，深圳主板上市公司华泽钴镍（深市代码000693）曝出其实际控

---

[1] Fan, J. P. H., Wong, T. J. and Zhang, T., "Politically connected CEOs, corporate governance, and post IPO performance of China's newly partially privatized firms", *Journal of Financial Economics*, Vol. 84, No. 2, 2007, pp. 330–357.

[2] Liu, G. S. and Sun, P., "The Class of Shareholdings and its Impacts on Corporate Performance: A case of state shareholding composition in Chinese public corporations", *Corporate Governance*, Vol. 13, 2005, pp. 46–60.

[3] 参见2004年12月15日由上海证券交易所、深圳证券交易所和中国证券登记结算有限责任公司联合发布的《上市公司非流通股股份转让业务办理规则》，http://www.fdi.gov.cn/1800000121_23_65627_0_7.html。

制人控制的另一家公司陕西星王企业集团有限公司占用华泽钴镍大额资金。2015年年底，华泽钴镍被占用资金总额高达14.97亿元，而当期华泽钴镍归属股东的净资产才为12.57亿元。① 华泽钴镍的财务总监和董事长（也是公司实际控制人）先后被证监会立案调查。②

除侵占现象之外，股权分置及由其导致的大量股份无法有效流通还一度严重限制了我国国有企业的重组和并购。因此，2005年4月，国务院和证监会开始实施股权分置改革，改革的核心内容是非流通股股东通过向流通股股东支付现金或股票等形式对价来获得非流通股票在二级市场的流通权。证监会要求所有上市公司支付给流通股股东对价的方案必须获得2/3有表决权的股东同意才可以最终实施。

为防止非流通股大量进入市场导致二级市场上资金供给与股票供应之间出现严重的供需不平衡，证监会对非流通股的解禁做出了限制。当上市公司的股改方案通过并实施后，非流通股依然有为期12个月的禁售期。12个月后，对于持有上市公司股份总数5%以上的非流通股股东，如果要通过证券交易所挂牌出售其持有的原非流通股股份，出售数量占该公司股份总数的比例在接下来的12个月内不得超过其持股总量的5%，在24个月内不得超过10%。

在股权分置改革开始后，截至2015年年底，虽然大多数A股上市公司的股票都已经可以在二级市场流通，但依然有很多公司有部分非流通股股票。从国泰安数据服务中心获得的数据显示，截至2015年年底，A股上市公司非流通股股份占公司总股本比例的平均值为24.56%，其中，深市主板上市公司为14.64%，沪市主板上市公司为17.37%，中小板上市公司为29.13%，创业板上市公司则为

---

① 郭新志：《华泽钴镍大股东违规占用15亿资金遭立案调查》，《中国证券报》2016年5月3日。
② 于南：《董事长财务总监接连被查 华泽钴镍回应不清楚细节》，《证券日报》2016年3月29日。

42.47%。

股权分置改革是我国股票市场自成立以来最大规模和对市场影响最为深远的改革,并且成为A股市场自2005—2007年的一个快速、大幅上涨的主要推动因素。然而,在股权分置改革中也出现了一些损害个人投资者利益的灰色现象。在A股上市公司的股东中,机构投资者作为个人投资者的代表,同时也是重要的非流通股股东,在股改中却没有完全站在个人投资者一方。从理论上说,机构投资者作为流通股股东的代表,如非流通股股东给予流通股股东的对价越高,则机构投资者获益越多。相反,在A股上市公司的股权分置改革进程中,为数不少的机构投资者却选择与非流通股股东合作,而不是为流通股股东争取更多的权益。

部分学术研究表明,机构投资者(尤其是证券投资基金)的持股比例与股改方案中非流通股股东支付的对价水平呈反向相关关系。这种现象意味着机构投资者与非流通股股东之间存在合谋的可能性。机构投资者该行为的目的主要是通过赞同非流通股股东提出的方案来获得内幕信息,并由此获得更多的投资回报。[①] 虽然这种现象在公司治理环境较好的(市场开放程度较高、投资者保护程度较好)区域(如上海、深圳等地)的上市公司中得到了一定程度的抑制[②],但是,在其他地区的上市公司中却表现得较为突出。这种现象也从侧面揭示了我国A股上市公司侵占投资者利益的现象。

5. 股改后A股上市公司股权结构情况

由于非流通股股东持有的股票可以逐渐进行交易,股权分置改革也在一定程度上降低了A股上市公司的股权集中度。根据国泰安数据服务中心获得的数据,截至2015年年底,A股上市公司第一大股东平均持股比例为34.85%。其中,深市主板上市公司平均为

---

① 傅勇、谭松涛:《股权分置改革中的机构合谋与内幕交易》,《金融研究》2008年第3期。

② 辛宇、徐莉萍:《投资者保护视角下治理环境与股改对价之间的关系研究》,《经济研究》2007年第9期。

32.04%，沪市主板上市公司为36.82%，中小板上市公司为34.86%，而创业板上市公司为32.60%。

然而，值得注意的是，以上统计数据仅是第一大股东的持股比例，并不代表其对公司的实际控制能力。在很多情况下，第一大股东的关联方也是公司大股东，比如，第一大股东的家族成员或第一大股东控股的其他法人单位也持有公司股份。如果考虑这个因素，那么，第一大股东最终掌控的具有投票权的股份数量还要更高。诸如苏宁云商（中小板上市公司，深市代码002024），其在2015年年底的第一大股东为张近东。而同时期苏宁云商的第二大股东和第三大股东分别是苏宁电器集团有限公司和苏宁控股集团有限公司，这两家公司的实际控制人也是张近东。

有学者以单一股东累计在上市公司持有（包括直接和间接持有）超过20%表决权的股份为标准来判定上市公司是否有终极控制人或者具有集中的股权结构。[①] 如果以此标准来审视我国A股上市公司，那么绝大多数公司都属于上述类别的范畴。股权集中度较高容易导致公司在制定决策时外部股东或中小股东的话语权较弱。与西方发达国家上市公司相比，我国A股上市公司中的机构投资者持股虽然逐年提高，但总体水平依然较低。美国的机构投资者在上市公司的持股比例约为65.7%，其中，证券投资基金的比例约为18.1%。[②] 截至2015年年底，作为我国证券市场入市最早、规模最大的机构投资者，证券投资基金在A股市场中的全部持股总市值为13724亿元[③]，占沪深A股总市值531304亿元[④]的比例为2.58%。

[①] La Porta, R., Lopez - De - Silanes, F. and Shileifer, A., "Corporate ownership around the world", *The Journal of Finance*, No. 54 (2), 1999, pp. 471 - 517.

[②] Ferreira, M. A. and Matos, P., "The colors of investors' money: The role of institutional investors around the world", *Journal of Financial Economics*, No. 88 (3), 2008, pp. 499 - 533.

[③] 王磊：《跟基金炒股 小散需谨慎》，《法制晚报》2016年4月8日。

[④] 何广怀、潘清：《2015年末沪深股市流通市值报417926亿元》，搜狐财经新闻，2016年1月1日。

为了降低市场波动率和提高上市公司治理水平，并为投资者带来更多投资渠道，1997年11月，国务院发布了《证券投资基金管理暂行办法》，将证券投资基金正式引入A股市场。以证券投资基金委为主的机构投资者通过从分散的公众手中筹集的资金投资于股票市场，在一定程度上可以代表个人投资者的利益，并具备个人投资者所没有的参与或影响上市公司决策的能力。截至2015年年底，在A股市场有投资的基金数量为1244只[1]，基金数量已经不少。然而，以证券投资基金为主的机构投资者在A股市场的持股比例依然总体偏低，使机构的参与及影响上市公司治理和决策的效果在我国A股公司中难以得到充分显现。

另外，A股市场中个人投资者（散户）的数量依旧庞大，根据证监会数据，截至2016年1月28日，中国股票市场投资者数量共计10038.85万人，其中自然人10010.12万人，非自然人28.73万人。[2] 散户投资者的一个主要特征是：他们所持有的股份尤其分散，这使他们难以或没有意愿参加股东大会，抑或在大多数情况下放弃投票权。再加上机构投资者持股比例相对偏低，这些因素综合起来使本就具有较高持股比例的控股股东在股东大会进行相关事项的表决时具有更为集中的投票权。在实际情况中，散户投资者在A股上市公司中较多地扮演着短期投机者[3]和"搭便车"者的角色，并且对上市公司的治理和决策几乎不发挥任何实质性作用。当自身的权益因为上市公司大股东或高层管理者的机会主义行为[4]而受到损害时，他们通常也难以进行有效的抗争。

6. 股权结构与公司价值的关系

评价公司的某项特征或行为，最终的考量目标还是能否为公司

---

[1] 王磊：《跟基金炒股 小散需谨慎》，《法制晚报》2016年4月8日。
[2] 证监会：《市场投资者数量突破1亿》，网易财经新闻，2016年1月29日。
[3] 在投资学中，投机者并不是贬义词，而是指投资的主要目的是通过资产价格变动获得收益的投资者类型。
[4] 上市公司大股东或管理层的机会主义行为是指其在追求自身效用最大化时，借助不正当的手段谋取自身利益，而不惜损害他人（尤其是中小股东）利益的行为。

的价值提升与绩效增长做出相应的贡献。股权集中度在这方面的作用如何呢？通常来说，上市公司的股权集中度与公司的经营绩效和治理水平之间的关系并不是完全线性的，而往往表现为一个"U"形特征。实际情况是，当上市公司控股股东所持有的股份并不是很高时，其持股比例增多会导致其从事机会主义行为的概率也随之增加。但是，当上市公司控股股东持有的股份超过一定比例之后，这种行为会得到一定程度的抑制。

造成这种"U"形关系的主要原因在于：如果控股股东持股比例尚不是很高，虽然其侵占上市公司资金等机会主义行为会损害上市公司价值，并导致其个人利益也受到损失，但是，这种损失却小于机会主义行为给其带来的收益。当控股股东持股比例逐渐增多时，其对上市公司的控制权也相应增加，从事机会主义行为的动机也会越发强烈。然而，当控股股东持股比例继续增加到一定程度之后，其个人利益与公司利益变得更为紧密。其机会主义行为对公司价值产生损害也会导致其个人利益严重受损，并且这种损失将很有可能超过其机会主义行为给自己带来的收益。简单地说，就是控股股东的机会主义行为得不偿失。

当上市公司存在控股股东时，其他非控股的大股东（持有上市公司股份较多的非控股股东）理论上具备监督控股股东行为的能力，而这样的行为有利于提升公司的治理水平。这种治理效应在非控股大股东和控股股东没有关联关系时表现得尤其明显。非控股大股东在股东大会上具有较大的投票权，可以在变更公司章程、宣布股息、增加或者减少公司资本，审查董事会提出的营业报告等决议上对控股股东的行为进行制衡。

此外，由于持股比例相对较高，非控股大股东具备向上市公司派驻董事的能力。他们派驻的董事在公司进行决策表决时会代表其利益和诉求，并对控股股东派驻的董事和公司其他非董事高层管理者的行为进行监督和制约。有学者对此进行过相应的统计。在A股上市公司中，非控股大股东委任的董事数量约占上市公司全部董事数量的19%。更进一步地，这些董事在董事会投票中投非赞成票的概率甚至高于独立董事投赞成票的概率，并且这种现象在业绩差的企业中表现得更为明显。① 此外，从实证角度进行检验还发现，这些董事的监督行为有利于公司未来会计业绩的改善。②

以创业板上市公司三维丝（创业板上市公司，深市代码300056）为例，2014年8月6日，三维丝召开董事会审议《半年度报告及其摘要的议案》和《向银行申请综合授信额度的议案》，公司第二大股东兼副董事长、董事丘国强对会议的两个议案都投反对票。根据《每日经济新闻》2014年8月8日报道："对于《半年度报告及其摘要的议案》，丘国强认为，公司在主要人事安排方面武断、不透明；在内部控制及内部流程安排等方面需要进一步完善；股东互信合作沟通协调方面，公司董事之间的沟通也还不充分；公司没有再适时推出员工股权激励计划以激励员工积极性；公司企业文化建设不到位，对外形象受影响等原因导致半年报表现不如他个人预期。在反对《关于向银行申请综合授信额度的议案》时，丘国强认为，公司需要加强内控管理和应收账款资金回笼，公司银行授信额度已足够，无须再增加银行授信额度"。③ 虽然在此案例中，三维丝以上两提案都最终获得董事会通过，但是，公司非控股大股东针对公司决议发表的不同声音反映了其对控股股东和管理层行为的监督与制衡作用。除此之外，从实证研究的角度进行分析，也有学者发现非控股大股东的存在一定程度上能够遏制控股股东对上市公司资金的侵占行为。④

---

① 祝继高、叶康涛、陆正飞：《谁是更积极的监督者：非控股股东董事还是独立董事？》，《经济研究》2015年第9期。

② 同上。

③ 柳川：《三维丝二股东连投反对票 矛头直指人事及内控》，《每日财经新闻》2014年8月8日。

④ Berkman, H., Cole R. A. and Fu, L. J., "Expropriation through loan guarantees to related parties: Evidence from China", *Journal of Banking and Finance*, Vol. 33, 2009, pp. 141–156.

7. 国有企业和政府持股

除股权集中度高之外，我国上市公司的另一个显著特征是国有上市公司数量占比很高。截至2015年年底，沪市有1094家上市公司，其中国有企业为622家，占56.86%。[1] 深市共有1766家上市公司，其中，主板上市公司中国有企业占比也接近60%。[2] 国有上市公司居多首先会造成一个现象：政府在扮演股票市场的监管者角色的同时又是股票市场的重要参与者，也就是说，政府既是裁判又是参赛运动员。这种现象或多或少会降低政府对国有上市公司进行监督的意愿和能力，从而使国有上市公司的违规违纪行为无法得到有效遏制和惩戒。

自2013年5月起，中央二十个巡视组开展了两轮巡视工作，先后对11个省份及9个国有企业集团进行专项巡视。2014年11月起，中央巡视启动针对中央企业的专项巡视。在这三次专项巡视中，华润（集团）有限公司、中国石油天然气集团、中国南方航空集团和中国联合网络通信集团有限公司先后有多名高层管理者被查出存在各类型违法、违规行为（包括财务舞弊、非法关联交易、未正确披露信息、高层管理者个人行为不端等）。根据新华社等权威媒体报道，上述国有企业高层管理者的部分违规行为可以追溯到多年以前。这些国有企业旗下都有至少一家子公司是A股上市公司，而且被接受调查的高层管理者也多在这些国有企业旗下的上市公司任职。但是，在巡视组入驻之前，这些违法、违规行为都未能得到有效的揭露和处罚。

在我国，国有企业有一个区别于其他国家的显著特征，即为数众多的国有企业高层管理者具有与政府官员相同的行政级别。虽然中央政府一直在推行"国有企业去行政化"，1999年9月22日，十

---

[1] 上海证券交易所资本市场研究所年报分析小组：《沪市上市公司2015年年报整体分析报告》，《上海证券报》2016年5月4日。
[2] 深交所综合研究所年报分析课题小组：《深交所上市公司2015年报分析：整体增长业绩分化》，《中国证券报》2016年5月5日。

五届中央委员会四次全体会议通过了《中共中央关于国有企业改革和发展若干重大问题的决定》，这其中包括"深化国有企业人事制度改革"和"对企业和企业领导人不再确定行政级别"的相关政策。但"官员入仕"，即国有企业高层管理者转任政府官员的现象依然存在。例如，已经查处的前中石油董事长蒋洁敏，在2013年3月卸任董事长职务后，被任命为国有资产监督管理委员会主任（正部级）。在国资委网站列出的115家中央企业名录中，部分54家企业的董事长、党委书记或总经理有"副部级"的行政级别；前中国商用飞机有限责任公司董事长、党委书记张庆伟出任该职位时其级别为正部级，因为其曾担任国防科工委主任。[1]

在归属地方的国有上市公司方面，由于地方国有企业还往往需要帮助地方政府承担部分的社会养老和社会稳定职责[2]，因此，这些国有企业的经营和融资等行为经常会受地方政府干预，从而降低了这些公司的治理水平和治理效果。此外，归属地方的国有企业还会得到地方各种形式的保护。例如，地方政府及其官员有可能会通过干预当地的司法运行来保护地方国有企业，这种行为弱化了法律实施的效果，使对国有上市公司的外部投资者的保护变得困难。[3] 总而言之，上述现象在一定程度上增加了证监会等监管机构监督和查处国有上市公司违规、违法行为的难度。

由于股东是公司的实际所有者，衡量公司经营是否成功的核心标准便是能否将股东利益最大化。但是，在国有上市公司中，国有股东最关心的往往并不是公司价值最大化。与民营企业不同，国有企业承担着更多的政治义务，比如，提升政府声誉、保障就业率、支持社会福利和非营利性公益事业（诸如基础教育、医疗）等。公

---

[1] 《中央企业"一把手"行政级别有多高》，凤凰财经专栏，http://finance.ifeng.com/news/special/gqybs/。

[2] 程仲鸣、夏新平、余明桂：《政府干预、金字塔结构与地方国有上市公司投资》，《管理世界》2008年第9期。

[3] Allen, F., Qian, J. and Qian, M. J., "Law, Finance and Economic Growth in China", *Journal of Financial Economics*, No. 77, 2005, pp. 57–116.

司治理的最主要目的之一就是保障公司的出资人得到他们应得的回报。而在国有股东把政治目标放在价值最大化之前的背景下，他们经营国有企业的动机就难以和其他中小股东的利益或诉求相吻合。因此，公司治理和国有股东追求政治目的两者之间存在一定的冲突，而这种冲突也会限制国有股东提升国有上市公司治理水平的意愿。[1]

　　根据 Kornai 等 1979[2] 年提出的软约束理论，政府会经常向亏损的国有企业进行注资以维持国有企业的正常运营。这种注资行为往往是通过国有商业银行向国有企业提供融资的方式进行。软约束现象在包括我国在内的处于转轨期的经济体中尤为明显。上文中曾经提到，在现代企业制度中，各类型的公司都不可避免地存在或多或少的委托—代理冲突。而国有企业可以相对容易地获得融资的现象进一步加剧了国有企业中的委托—代理冲突。[3] 政府对国有企业的干预会降低公司治理水平，使公司治理机制难以有效保护中小投资者的利益。随之而来的是，管理层从事的机会主义行为（包括权力"寻租"、肆意干涉人事制度、违规使用公司资源等）的动机会变得更加强烈。

　　综上所述，降低国有企业在 A 股市场的占比是改善我国上市公司的总体治理水平和赋予证监会更多的能力和意愿来监督上市公司及其高层管理者的行为的必备条件之一。下面还会进一步阐述关于国有企业中存在的委托—代理问题及相关抑制机制。

　　8. 管理层持股

　　在上市公司的股权结构中还有一个较为特殊的持股形式，被认

---

[1] Borisova, G., Brockman, P., Salas, J. M. and Zagorchev, A., "Government ownership and corporate governance: Evidence from the EU", *Journal of Banking and Finance*, Vol. 36, 2012, pp. 2917–2934.

[2] Kornai, János, Eric Maskin and Géard Roland, "Understanding the Soft Budget Constraint", *Journal of Economic Literature*, Vol. 41, No. 4, 2003, pp. 1095–1136.

[3] Borisova, G., Brockman, P., Salas, J. M. and Zagorchev, A., "Government ownership and corporate governance: Evidence from the EU", *Journal of Banking and Finance*, Vol. 36, 2012, pp. 2917–2934.

为是可以有效地抑制代理冲突，并提升公司绩效的治理机制，即管理层持股。管理层持股可以使公司高级管理人员作为公司员工从事本职工作并获取报酬的同时，也通过持有公司股份成为公司所有人享受公司经营和发展的红利。委托—代理冲突中的核心问题是代理人（也就是公司的实际经营人）以自身利益最大化为出发点来筹划公司的日常经营活动或使用公司的金融资源，而这些行为通常有悖于股东利益。要遏制代理人从事机会主义行为的动机，需要将代理人与委托人的利益更紧密地联系在一起。委托人（也就是公司的所有者）首先需提供可以充分匹配代理人劳动价值的薪酬。但是，仅支付薪酬的管理层收入结构无法让管理层的利益与公司的股价直接相关，而公司股价则直接影响到公司所有者的利益。因此，在现代公司制度中，很多上市公司都给予了管理层各种形式的股权激励，让管理层的薪酬直接与公司股价挂钩。

自证监会 2005 年发布《上市公司股权激励管理办法》（试行）[1]，我国实行股权激励的上市公司数量逐年增长。截至 2015 年 10 月底，累计推出股权激励计划的上市公司总共有 775 家，涉及股权激励计划的达 1077 个，其中，有 229 家公司推出两个或两个以上的股权激励计划。[2] 另外，根据上市公司 2016 年年报，2015 年年末上市公司董事会成员持股比例的总和的平均值为 12.98%，而高层管理者人员[3]持股比例的总和的平均值则为 7.12%。各板块的董事或高层管理者的持股水平见表 1-1。[4] 总体来看，创业板和中小板上市公司的高层管理者持股比例较高，而沪深主板上市公司的高层管理者持股比例则较低。其中一个主要因素是，主板上市公司大部分是国有企业，而为数众多的国有企业高层管理者都具有公务员身

---

[1] 2015 年 12 月 18 日证监会对《上市公司股权激励管理办法》进行了修订，进一步放松管制，并引导上市公司制定自主决定的、市场约束有效的股权激励制度。

[2] 李丹丹：《上市公司股权激励管理办法修订 拟提升为证监会部门规章》，《上海证券报》2015 年 12 月 19 日。

[3] 上市公司中的部分高层管理者并非同时担任董事职位。

[4] 数据来源于国泰安数据服务中心。

份。由于政策限制，他们无法像私营企业高层管理者一样获得或持有为数可观的公司股份。这种现象也是导致前文中提到的国有企业中委托—代理冲突较为严重的原因之一。由于部分上市公司中控股股东或大股东同时兼任公司董事或高层管理者，所以，如表1-1中第5列"最大值"所示，部分A股上市公司中存在中董事或高层管理者持股比例很高的现象。

表1-1　　　　2015年上市公司管理层持股水平　　　　单位：%

全部上市公司	均值	中位数	最小值	最大值
董事持股比例总和	12.98	0.28	0.00	83.00
高层管理者持股比例总和	7.12	0.09	0.00	81.00
深市主板				
董事持股比例总和	0.98	0.00	0.00	42.68
高层管理者持股比例总和	0.50	0.00	0.00	35.47
沪市主板				
董事持股比例总和	4.67	0.00	0.00	80.95
高层管理者持股比例总和	2.66	0.00	0.00	80.79
中小板				
董事持股比例总和	20.00	13.96	0.00	83.00
高层管理者持股比例总和	10.72	2.31	0.00	81.00
创业板				
董事持股比例总和	29.80	32.57	0.00	76.72
高层管理者持股比例总和	16.59	8.57	0.00	72.14

资料来源：国泰安数据服务中心。

虽然管理层持股可以有效抑制委托—代理冲突，但是，从辩证的角度出发，管理层持股也有加剧高层管理者从事机会主义行为动机的可能性。管理层从事机会主义行为的方式有很多种，部分行为（诸如利用信息优势增加自己的期权行权和股票交易的收益）属于择时型机会主义行为。这类行为主要是指持有公司期权或股票的高层管理者利用公司内外部的信息不对称（即管理层作为公司内部人拥有的信息优势）来选择最优时机行使期权或买卖股票，或者是管理层在自己的期权行权和股票交易之前选择发布会显著影响公司股价的信息。

此外，一些管理层的机会主义行为则是管理层充分利用会计准则允许范围内的会计信息报告方式来调整公司盈余等关键性财务指标，这种行为被称为"盈余管理"。管理层利用盈余管理来操纵公司股价的现象在上市公司中是较为普遍的。管理层会在行使期权、交易股票和聘用合约到期时采用这些策略来扩大自身的收益。可以看到，以上两类管理层的机会主义行为在其持有公司股票或其就职的上市公司实施了股权激励计划时出现的概率较大。因此，要让管理层持股这一抑制委托—代理冲突和限制管理层机会主义行为的治理机制有效发挥其治理作用，还需要其他一系列的制度予以辅助，否则会得到截然相反的效果。

9. 股权结构造成的第二类代理冲突

除股东与管理当局之间的代理冲突之外，还有另外一种代理冲突存在于控股股东与非控股股东（小股东）之间。综观全球资本市场，除美国、英国和其他少数几个发达市场国家之外，大部分国家的公司股权结构都较为集中。控制权集中在一个或少数几个大股东，其他中小股东对于绝大多数公司决策方面都只能被动接受而无法实质性地参与或施加影响。这种情况便导致了控股股东掠夺其他股东利益的可能性。因此，在包括中国在内的大多数国家，控股股东侵占中小股东利益的代理问题也是公司治理中需着重关注的问题之一。[1]

约翰逊、拉波塔、沃佩兹·德·塞拉尼斯和施莱弗（Johnson,

---

[1] La Porta, R., Lopez – De – Silanes, F. and Shileifer, A., "Corporate ownership around the world", *The Journal of Finance*, No. 54 (2), 1999, pp. 471–517.

La Porta, Lopez – de – Silanes and Shleifer, 2000)[①] 使用"隧道效应"（Tunnelling）一词来形容控股股东转移公司资源的行为。控股股东的这种行为完全是基于自身利益出发，通常会损害中小股东的利益。前文提到的控股股东的机会主义行为实际上就是"隧道效应"。控股股东实施对公司资源的转移可以通过很多方式进行，包括挪用公司资金、关联交易、提供担保、股权转让、现金股利、为高层管理者支付过高的报酬等。当然，控股股东与非控股股东之间并非只存在单方向的控股股东的侵占行为；相反，非控股股东也会对控股股东行为进行制约。前文也曾提到非控股股东能在一定程度上对控股股东行为进行监督的作用，但这种监督作用通常只有非控股的大股东才有能力为之，外部中小股东在此方面并无显著效应。所谓非控股大股东主要是指公司除控股股东或第一大股东之外的其他大股东。

表1-2是A股上市公司在2015年年末第一大股东持股比例和按持股比例排名第二至第十大股东持股比例总和的信息。[②] 从表1-2中可以看到，我国上市公司的第一大股东持股比例平均值为34.85%，而且这一指标在沪市主板、深市主板、中小板和创业板上市公司中都超过了30%。第二至第十大股东持股比例总和的均值约为20%，其中，创业板上市公司最高为27.70%，但却依然低于第一大股东持股比例的均值。这说明在绝大多数上市公司中，第二至第十大股东的投票权加在一起也无法超过第一大股东具有的投票权。此外，也不排除第二至第十大股东中亦有第一大股东的关联方。综合考虑这些情况可知，我国大多数A股上市公司都有着一股独大的情况，也说明控股股东与非控股股东之间的代理冲突在我国A股上市公司中比较显著。要改变这种情况别无他法，只有逐渐地推进更多元化的上市公司股权结构，由此降低控股股东在上市公司（尤其是国有上市公司）中一股独大的现象。

---

① Johnson, S., La Porta, R., Lopez – de – Silanes, F. and Shleifer, A., "Tunnelling", *American Economic Review*, Vol. 90, 2000, pp. 22 – 27.

② 部分上市公司因为有数据缺失未包含在统计样本中。

表1-2　　　　2015年A股上市公司大股东持股比例　　　　单位:%

所有A股公司	平均值	中位数	最小值	最大值
第一大股东持股比例	34.85	32.99	2.38	89.99
第二至第十大股东持股比例	21.24	19.17	0.37	73.53
沪市主板				
第一大股东持股比例	36.82	34.77	2.38	86.35
第二至第十大股东持股比例	19.19	16.43	0.71	61.40
深市主板				
第一大股东持股比例	32.04	29.42	6.25	89.99
第二至第十大股东持股比例	18.37	15.71	1.30	59.81
中小板				
第一大股东持股比例	34.86	33.67	7.31	81.85
第二至第十大股东持股比例	22.66	21.25	0.37	66.26
创业板				
第一大股东持股比例	32.60	31.72	4.15	81.18
第二至第十大股东持股比例	27.70	26.57	1.07	73.53

注：表中报告的是沪深A股上市公司在2015年年末的大股东持股比例。
资料来源：国泰安数据服务中心。

(二) 国有企业中的双重委托—代理冲突

1. 双重委托—代理冲突

我国存在为数众多的国有企业和国有控股上市公司，而国有企业有着比民营企业更多一层的委托—代理关系，它们的代理冲突较其他公司而言要更为严重。这一部分内容主要阐述的就是在国有企业中存在的"双重代理问题"。从理论上说，股东是公司的所有人，衡量公司成功与否的一个重要条件是看在合法经营的背景下能否实现股东利益的最大化或尽可能多地为股东带来利润。然而，如前文所述，在国有企业中公司价值并不一定是国有股东的最高追求目标。与民营企业不同，国有企业通常要承担更多的政治和社会责任，比如维持就业率、支持社会福利、维持政府声誉、为非营利的社会公益组织募资等。而几乎所有公司内、外部治理机制的设立目标就是保障股东从公司得到他们应有的回报。如果国有企业股东对国有企业的主要目的之一是使国有企业协助其完成政治使命，这种诉求会使国有股东追求的利益目标与其他中小股东的追求利益目标不一致。更进一步地，这会降低国有股东提升公司治理水平的意愿，因为完善的公司治理机制的作用效果与他们所追求的政治利益诉求是有冲突的。

前文中提到的"软约束"中的一个核心现象，就是政府会持续向亏损或经营不佳的国有企业注资或提供其他形式的支持。这种注资行为主要是通过政府控股的国有商业银行来完成的。这种"软约束"现象在包括我国在内的转型期的经济体中是较为常见的。[1] 此外，即使在发达国家中也存在政府为政府控股的公司提供担保以使这些公司更为容易地获得债务融资的现象。[2] 国有企业在融资方面的便利会在一定程度上限制国有企业提升治理水平的意愿，从而引发更为严重的代理冲突。在这种情况下，传统的内外部治理机制将难以发挥监督管理当局并保障中小投资者利益的效用。该现象会进一步诱发公司管理当局从事机会主义行为的动机。因此，当政府过多地追求政治目标并忽视提升公司治理机制时，有可能会加剧公司管理当局的腐败和权力"寻租"等行为发生的概率。如果在此背景下公司治理机制无法发挥有效作用来限制管理层的机会主义行为，那么，什么机制能对此产生抑制和惩戒作用呢？

在委托—代理机制下，公司所有权与经营权分离，管理层作为股东的代理人管理公司日常经营实务并行使相应权力。在国有企业中，政府及下设机构是国有企业的控股股东，或者说是国有企业权益的主要持有者。但是，从理论上说，他们并不是国有企业权益的终极所有者。中央企业和地方国有企业的终极所有者应该是全体国

---

[1] Tian, L. and Estrin, S., "Debt financing, soft budget constraints, and government ownership", *Economics of Transition*, Vol. 15, 2007, pp. 461–481.

[2] Borisova, G. and Megginson, W., "Does government ownership affect the cost of debt? Evidence from privatization", *Review of Financial Studies*, Vol. 24, 2011, pp. 2693–2737.

民或者全体地方居民；中央政府和地方政府应是后者的代理人，代表他们管理归属于中央或地方的国有资产。因此，对国有企业来说，除存在股东和管理层之间的委托—代理关系外，还有另一层存在于政府与民众之间的委托—代理关系。这便是国有企业中存在更多一层的委托—代理关系。在第一层的委托—代理关系中，政府作为民众的代理人理应尽到实现国有资产价值最大化的义务。如果政府或政府机构恪尽职守，那么它们就不应利用国有企业为自身的政治目的服务，并积极地、无保留地监管国有企业管理层的各类行为，以确保作为政府股东代理人的国有企业管理层能将国有资产实现价值最大化。从上述推论中可以看到，有效监督国有企业高层管理者的先决条件便是规范国有企业股东（也就是政府及政府机构）的行为。

2. 双重委托—代理冲突的结果和其抑制机制

通常来说，对政府行为影响力最大的除一个国家的政治制度之外，便是司法体系。就政府在国有企业中扮演的角色和发挥的作用而言，司法体系所产生的影响是双面性的。也就是说，司法体系既有可能限制政府对国有企业的干预，也有可能加剧对国有企业的干预。目前，世界上两类主要的司法体系是普通法系和大陆法系。普通法系国家更为注重社会控制策略以及通过法律制度来加强对市场的支持，而大陆法系则更为强调国家化和政府的直接控制（或者政府主导的资源配置）。① 因此，普通法系国家中，政府持有公司股份的主要目的是稳定市场以及在出现经济或金融危机时来帮助公司脱困。而在大陆法系国家中，政府持股的目的则主要体现在帮助政府达成政治诉求。②

上述现象即使在市场经济高度发达的大陆法系国家中也时常出

---

① La Porta, R., Lopez-de-Silanes, F. and Shleifer, A., "The economic consequences of legal origins", *Journal of Economic Literature*, Vol. 46, 2008, pp. 285–332.

② Borisova, G. and Megginson, W., "Does government ownership affect the cost of debt? Evidence from privatization", *Review of Financial Studies*, Vol. 24, 2011, pp. 2693–2737.

现。以法国兴业银行（Societé Générale Group）为例，法国兴业银行是一家部分私有的商业银行，归属于法国政府所有和管理的机构Caisse des Depots et Consignations依然持有大量兴业银行的股份。2002年，兴业银行CEO和董事会主席丹尼尔·鲍顿（Daniel Bouton）宣称会致力于提高兴业银行的公司治理水平。然而，在2008年年初，法国兴业银行却出台了一系列规章制度，目的在于让银行未来免予被私人资本并购。2008年5月，丹尼尔·鲍顿由于涉嫌一系列关于洗钱和不正当交易的指控，辞去CEO职务，这短暂地造成了该银行CEO与董事会主席两职分离。然而此后不久，前法国总统萨科齐的顾问、具有法国政府公务员身份的Frédéric Oudéa开始担任该公司的CEO职务并自2008年9月起兼任董事会主席职务。2010年5月，包括多家机构投资者在内的股东要求银行考虑聘任新的高层管理者人选并将CEO和董事会主席两职分开，但该提案却遭到兴业银行董事会否决。从上述情况可以看到，法国政府对兴业银行一直维持着较高的干预程度。

更进一步地，从实证研究角度出发，有学者认为，政府对其持有股份的公司的干预在普通法系国家中能有效提升这些公司的治理水平，但是，在大陆法系国家却会造成这些公司治理水平的下降。[①] 换句话说，政府股东的行为实际上是国家司法体系和投资者保护制度的延伸。因此，当一个国家的司法体系更强调稳定市场而不是政府的直接控制时，第一层委托—代理冲突（也就是股东与政府之间的委托—代理冲突）会得到一定程度的抑制。这种抑制效果将会有效地抑制政府持股的公司中第二层委托—代理冲突（也就是政府股东与公司管理层之间的委托—代理冲突）。

我国现行的司法体系是以借鉴德国法律制度为基础的大陆法系

[①] Borisova, G., Brockman, P., Salas, J. M. and Zagorchev, A., "Government ownership and corporate governance: Evidence from the EU", *Journal of Banking and Finance*, Vol. 36, 2012, pp. 2917–2934.

制度。① 与其他大陆法系国家相类似，我国也较为强调政府在资源配置和国有企业经营中的直接控制。所以，国有企业的经营活动与其他各类行为通常会被政府的政治诉求所影响。例如，华润集团在20世纪50年代就长期担负着为国家获得现汇的主要任务；中石油在2013年曾为苏丹政府从中国某银行获得贷款提供担保。② 此外，在2008年中央政府实行的"四万亿元"经济刺激计划中，大量的信贷资金以国有企业为渠道流入市场等。很多地方国有企业中也存在类似情况。部分地方政府为了达到稳定就业等目的，对于出现经营困难的地方国有企业给予持续的支持以维持其经营。这些现象都反映了我国国有企业是政府直接控制和追求政治诉求的主要工具之一。

1990年，A股市场产生后我国的国有企业改革便逐渐开始深化。我国的国有企业包括中央企业和地方国有企业两种，而它们的股东则包括各级政府的国资委和其他政府机构，以及以高校为主的各类型事业单位。另外，还有些国有企业或国有控股上市公司的母公司为政府机构控股的大型国有企业。在各类型国有企业中，大量的高层管理者都有政府背景，或者是现任公务员或者是之前曾在政府任职。国有企业高层管理者的晋升制度通常与公务员晋升制度类似，很多情况下决定他们职务任免与晋升的主要因素是能否很好地完成上级机构指派的工作任务，而这些工作任务并不一定是将公司业绩做到最好。在很多情况下，公司治理机制对国有企业高层管理者包括权力"寻租"在内的机会主义行为的抑制和惩戒的效果并不明显。在近几年中央巡视组对国有企业的审查中所发现和查处的很多国有企业高层管理者的腐败和违纪问题，例如，华润、中石油等中央企业高层管理者的案件等，都可以追溯到多年之前。华润和中

---

① La Porta, R., Lopez-de-Silanes, F. and Shleifer, A., "The economic consequences of legal origins", *Journal of Economic Literature*, Vol. 46, 2008, pp. 285–332.
② 淑静：《英媒称苏丹获中国15亿美元贷款 中石油担保》，新浪财经，2013年1月11日。

石油被查出的高层管理者中都有多位曾在这两家国有企业下属的上市公司任职。如果公司治理机制有效,那么,这些高层管理者的腐败和违纪行为理应在多年之前就被发现并处理,缘何要在多年之后在中央巡视组进驻时才被曝光呢?这说明这些国有企业的公司治理机制在过去很长时间内并没有发挥其在监督高层管理者方面应有的作用。

中央巡视组对国有企业的审查与监督实为政府的自律行为,是最高层级的政府部门自上而下的一种治理机制。这种治理机制在传统的内、外部治理机制失效时成为监督和惩戒国有企业高层管理者的最有效的手段。图1-1归纳了国有企业中的双重委托—代理冲突的产生、后果以及抑制机制。

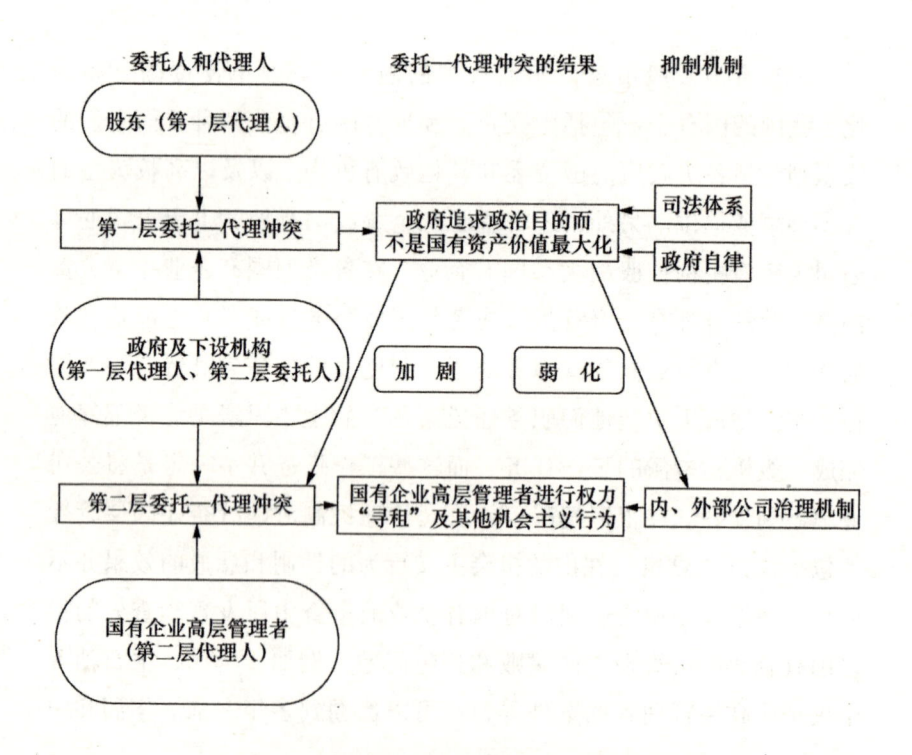

图1-1 国有企业中的双重委托—代理冲突解析

综上所述,在大陆法系制度下,当政府因追求政治目的而未致力于提升公司治理水平时,需要强调并维持长期性、制度性的政府自律机制。更进一步地，要保障该自律机制在监督国有企业高层管理者时的效果，该机制需要由最高层级的政府机构出发进行自上而下的监督。

二 监事与独立董事

（一）监事

1. 监事的设立及其职能

从机制设置角度来看，我国上市公司实行了非常严格的内部监督机制。我国上市公司中有双重监督机制，即监事和独立董事同时存在。根据《上市公司章程指引》（2016年修订）第一百四十三条和第一百四十四条规定，上市公司设立监事会，监事会成员不得少于3人，其中，职工代表在监事会中的具体比例不低于1/3，并设监事会主席1人（可设副主席）。监事行使以下职权[1]：

"（一）应当对董事会编制的公司定期报告进行审核并提出书面审核意见；

（二）检查公司财务；

（三）对董事、高级管理人员执行公司职务的行为进行监督，对违反法律、行政法规、本章程或者股东大会决议的董事、高级管理人员提出罢免的建议；

（四）当董事、高级管理人员的行为损害公司的利益时，要求董事、高级管理人员予以纠正；

（五）提议召开临时股东大会，在董事会不履行《公司法》规定的召集和主持股东大会职责时召集和主持股东大会；

（六）向股东大会提出提案；

（七）依照《公司法》第一百五十一条的规定，对董事、高级管理人员提起诉讼；

（八）发现公司经营情况异常，可以进行调查；必要时，可以聘请会计师事务所、律师事务所等专业机构协助其工作，费用由公

---

[1] 参见《上市公司章程指引》（2016年修订）第一百四十三条和第一百四十四条。

司承担。"

2. 我国监事制度的缺陷

监事会制度是大陆法系国家公司治理中一项常见且特殊的治理机制。率先立法设立监事会制度的是德国，其在1861年制定的《德国普通商法典》第225条规定，可以任意设置监事会。① 如前文所述，监事引入我国上市公司后被赋予了一系列职责，包括监督高层管理者人员行为与公司决策制定过程、检查公司财务等。虽然监事也有聘请会计师事务所、律师事务所等专业机构协助其检查公司异常情况的权力，但监事会对违反法规、公司章程和股东大会决议，或操纵公司财务信息的高层管理者并没有实质性的监督（尤其是免职或替换）权力。这便使监事在上市公司中实际上处于有职无权的地位。

此外，上市公司监事会成员的薪酬水平和公司的业绩通常没有挂钩；由于监事通常是公司内部人担任，其任职后对个人的声誉也几乎没有影响。以北京众信国际旅行社股份有限公司（深市中小板上市公司，简称众信旅游，深市代码002707）为例，众信旅游2015年年报中表述："不在公司担任具体管理职务的监事不领取监事职务报酬；在公司担任具体管理职务的监事（包括监事长），根据其在公司的具体任职岗位领取相应的报酬，不再领取监事职务报酬。"因此，在现行制度下，监事并没有强烈的动机来履行对公司管理层监督的职责。另外，除职工代表监事外，其他监事由股东大会选举产生，与股东利益联系紧密。更进一步地，在实际操作中，我国上市公司中为数众多的监事（尤其是监事会主席）是由党群干部担任②，这些人通常并不具备财务和与公司所在行业的相关专业知识。以上因素综合使监事难以有效行使《上市公司章程指引》所

---

① 王世权：《德国监事会制度的源流考察及其创新发展》，《证券市场导报》2007年第6期。

② 罗礼平：《监事会与独立董事：并存还是合———中国上市公司内部监督机制的冲突与完善研究》，《比较法研究》2009年第3期。

赋予他们的职责。

（二）独立董事

1. 独立董事的设置及其职能

除监事之外，我国上市公司中还设置了另一类内部监督人员：独立董事。监事起源于大陆法系国家，而独立董事则起源于英美法系国家。独立董事最大的特点就是"独立"，即属于独立于公司内部人士的外部人员。独立董事最早出现于美国。1940年美国颁布的《投资公司法》首次明确了美国的投资公司的董事会中需要有40%的成员为独立人士。此后，由于美国连续出现的公司董事涉及政治行贿及其他不端行为而引发对公司进行更严格监管的需求，独立董事制度在美国逐渐得到广泛的推广。1976年，美国证券交易监督委员会（U. S. Securities and Exchange Commission，简称美国证监会）批准了一条法例，要求每家上市公司在1978年6月30日以前设立并维持一个由专门的独立董事组成的审计委员会。独立董事制度从此开始逐渐在英美法系国家获得发展和推广，并成为这些国家现代公司治理机制中的一个重要组成部分。

但是，需要了解的是，美国实行的是"一元制"公司治理机制，即股东大会选举董事，董事构成董事会后决定公司其他高层管理者人员的聘任，负责公司其他重大决策的制定并全权对股东大会负责。在"一元制"公司治理机制设定下的董事会，除对公司日常经营负责外，同时也扮演着公司监督者的角色。因此，在董事会中设立独立董事来承担具体对公司管理层行为和决策进行监督的责任就非常必要。美国公司的独立董事还有另一个显著的特征，就是绝大多数独立董事都是全职在公司任职。这种全职的工作特性使美国公司的独立董事能更充分地掌握公司财务、人事信息，并更为专注地致力于监督公司的各项重要决策的制定与执行。在2010年前后，美国上市公司中独立人士在董事会中约占66%，而在标准普尔500

指数所覆盖的上市公司中，这个指标为72%。[1] 从实证研究角度出发，众多学者也证实了独立董事对美国上市公司治理可以起到诸多正面效应，诸如独立董事占据主导的董事会能有效迫使业绩不佳的公司的 CEO 辞职。[2] 美国上市公司聘任独立董事的公告也往往可以获得投资者的正面反应，导致公司股价出现一定程度的上涨。[3]

我国证监会于 2001 年 8 月 16 日颁布了《关于在上市公司建立独立董事制度的指导意见》（以下简称《指导意见》），指导上市公司建立独立董事制度，并要求在 2002 年 6 月 30 日前，董事会成员中应当至少包括两名独立董事；在 2003 年 6 月 30 日前，上市公司董事会成员中应当至少包括 1/3 独立董事。为确保独立董事的独立性，证监会要求独立董事不能为：

（1）在上市公司或者其附属企业任职的人员及其直系亲属、主要社会关系（直系亲属是指配偶、父母、子女等；主要社会关系是指兄弟姐妹、岳父母、儿媳女婿、兄弟姐妹的配偶、配偶的兄弟姐妹等）；

（2）直接或间接持有上市公司已发行股份 1% 以上或者是上市公司前十名股东中的自然人股东及其直系亲属；

（3）在直接或间接持有上市公司已发行股份 5% 以上的股东单位或者在上市公司前五名股东单位任职的人员及其直系亲属。

此外，为让独立董事能更为有效地行使职权，《指导意见》还要求作为上市公司董事会的下设机构的薪酬委员会、审计委员会和提名委员会中，独立董事应当在委员会成员中占有 1/2 以上的比例。

证监会针对上市公司引入独立董事制度的主要初衷是加强对上市公司内部的监督能力，约束大股东和高层管理者的机会主义行

---

[1] Tamkeen, Corporate Governance on an International Level, *The Wall Street Journal*, 2010.

[2] Weisbach, M. S., "Outside directors and CEO turnover", *Journal of Financial Economics*, Vol. 20, 1988, pp. 431–460.

[3] Rosenstein, S. and Wyatt, J. G., "Outside directors, board independence and shareholder wealth", *Journal of Financial Economics*, Vol. 26, 1990, pp. 175–192.

为，以此保障中小投资者权益。证监会设立独立董事制度的另一个主要目的是通过赋予独立董事更多的权利来弥补监事制度的不足和缺陷。与监事相比，独立董事的职责与权利范围都更大。根据证监会的《指导意见》，独立董事的权利包括：

（1）公司重大关联交易[①]需经独立董事许可后才能交由董事会讨论；

（2）提议聘用或解聘会计师事务所；

（3）向董事会提请召开股东大会；

（4）提议召开董事会；

（5）独立聘请外部审计机构和咨询机构；

（6）可以在股东大会召开前公开向股东征集投票权；

（7）对提名、任免董事发表意见；

（8）对聘任或解聘高级管理人员发表意见；

（9）对公司董事、高级管理人员的薪酬发表意见等。

2. 我国独立董事制度实施情况及制度缺陷

绝大部分监事都是公司内部人员（即在公司有其他具体职务），与上文中描述的"众信旅游"制定的监事的薪酬方式相类似，监事基本上无法在公司内部获得由于承担监事工作的额外薪酬。由于独立董事的"外部性"特征，独立董事无法在公司担任实质的管理职务，因此，独立董事通常理应获得一定的工作津贴来激励他们履行监督职责。为激励独立董事履职，证监会在《指导意见》中要求上市公司应当给予独立董事适当的津贴。而津贴的标准由董事会制定预案，需要经股东大会审议通过后在公司年报中进行披露。但是，为了确保独立董事的"独立性"，证监会要求独立董事除获得上述津贴外，不能从该上市公司及其主要股东或有利害关系的机构和人员取得额外的、未予披露的其他利益。

[①] 指上市公司拟与关联人达成的总额高于 300 万元或高于上市公司最近经审计净资产值的 5% 的关联交易。

从上述规定来看，独立董事的职责和权利都要显著高于监事，在几乎所有公司重要决策方面，包括人事任免、重大投资、并购行为、关联交易、信息披露、审计机构聘任等，都可以发表意见或参与决策。一系列规范的制度也在一定程度上保障了独立董事的"外部性"。如果再考虑到独立人士可以通过担任独立董事职务获得额外收入和进入上市公司董事会带来的社会影响力，独立董事理应在监督上市公司大股东、高层管理者行为方面发挥比监事更大和更有效的作用。

但是，实际情况如何呢？虽然《指导意见》对独立董事的聘任要求保障了独立董事的"外部性"，但"外部性"并不一定意味着"独立性"。包括独立董事在内的董事的聘任是由股东大会决定，而我国目前上市公司的股权集中度比例高和中小投资者股权分散的特点直接导致控股股东对独立董事的选聘具有决定性的影响力。根据新华网2013年8月18日的报道，我国上市公司90%的独立董事是由第一大股东提名的，因此独立董事要保持完全独立几乎是不可能的。[①]

此外，我国上市公司的独立董事大部分为兼职，非全职担任独立董事职务导致独立董事投入与监督上市公司的时间不足，在履职时无法充分掌握公司信息。独立董事不仅要参加董事会，而且要参与公司的重要人事任免和薪酬、财务报告、重大投资、关联交易以及内外部审计等决策工作。如无法保证履职时间和勤勉的工作态度，那么独立董事对这些事务的参与更可能就是流于形式。目前，我国上市公司独立董事的来源主要包括高校教师、正在其他企业任职的高层管理者、正在各类事务所任职的专业人士、知名媒体人士以及退休或离职的公务员。考虑到担任上市独立董事的外部人士基本上都属于所在行业具有一定影响力和声誉的特定人群，他们自身的专职工作需要消耗大量的时间精力，这进一步削减了他们对独立

[①] 罗宇凡、杨毅沉、华晔迪：《不"独立"的独立董事》，新华网新闻，2013年8月18日。

董事工作的履职时间。更有甚者，部分独立董事还同时担任多个上市公司独立董事职务。例如，在2016年1月24日4家上市公司同时发布公告宣称一独立董事因涉嫌内幕交易、短线交易，被证监会立案调查。这4家上市公司公告中所指的独立董事实为同一人，即中国人民大学商学院的教授宋某。[①] 仅2014年一年，宋某就同时担任了5家上市公司独立董事。

除"独立性"和履职时间难以得到保障之外，现行的薪酬体系也难以有效地激励独立董事认真勤勉地监督上市公司的大股东和高层管理者的行为。《指导意见》中规定了上市公司需给予独立董事工作津贴以激励独立董事勤勉履职。但实际情况是，上市公司给予独立董事的薪酬的激励效果并不明显。2015年沪深A股上市公司独立董事薪酬的平均数和中位数分别为62433元和60000元人民币。[②] 考虑到独立董事具备的专业素养和可通过本职工作获得的报酬，这样的薪酬水平无法给予其显著的动机来履行对公司的监督职责。根据上文提到的宋某所任职的上市公司的公告，宋某被证监会立案调查的原因是其涉嫌内幕交易和违规的短线交易。在被证监会立案调查之前，宋某还曾在2015年由于违反《上市公司董事、监事和高级管理人员所持本公司股份及其变动管理规则》，在其任职的京能置业发布2014年年报前30日购入了京能置业的股票，因此被证监会发出关注函。后宋某在违规交易行为被发现后主动报告，并承诺将买入的京能置业股票自买入日起自愿锁定一年。这些行为也从侧面反映了独立董事获得的报酬水平较低，部分独立董事甚至宁愿铤而走险通过内幕交易来获得非法收入。当然，独立董事薪酬水平低，部分原因也归结于我国目前上市公司的独立董事并非全职。

独立董事不"独立"的另一个表现是独立董事在董事会投票中几乎不发出反对声音。独立董事的投票意见类型包括"赞成""反

---

① 《最忙独董宋常被查引发业内热议高校反腐》，新华网新闻，2016年1月27日。
② 数据来源于国泰安数据服务中心。

对""弃权""保留意见""无法发表意见""提出异议"和"其他"。2014—2015年，沪深A股上市公司独立董事在各类型会议中投反对票的次数仅有11次，仅占独立董事投票总样本量（36193）的0.03%，而超过99.8%的投票都为赞成票。这说明绝大多数情况下独立董事并不会公开质疑和反对管理层的各项决策与行为。

但是，如果独立董事对管理行为进行质疑和反对呢？在仅有的几个独立董事投反对票的情况中，大部分独立董事最终都遭到了解聘。例如，2014年5月沪市主板上市公司天目药业（沪市代码600671）发布《关于2013年度股东大会增加临时提案的公告》中表述：杭州现代联合投资有限公司（持有天目药业7.09%的股份，为天目药业第三大股东）提议因独立董事郑立新、徐壮城没有正确履行职责，未尽到勤勉义务，对公司决策事项缺乏审慎判断和决策，给上市公司形象造成负面影响，提请股东大会罢免他们的独立董事职务。2014年5月23日，应上交所要求，现代公司进一步对临时议案进行解释，表示提案原意是上述两位独立董事在未核实相关情况的前提下在董事会会议上随意投反对票。对于罢免议案，两位独立董事则发表声明称：其投反对票是因为对天目药业相关财务数据的真实性无法核实，他们的行为恰恰是独立、尽职的表现。[①]在2014年5月26日上午，天目药业召开股东大会，表决通过了罢免公司两位独立董事的临时提案。[②]

（三）监事和独立董事制度的总结及思考

综上所述，我国上市公司中虽然同时设立了监事和独立董事两类监督职位，并且赋予了这两类任职者诸多权利和义务来对上市公司的股东及高层管理者进行监督。然而，实际情况却是，这两类公司内部监督机制在引入我国公司（尤其是上市公司）后都进行了一

---

① 李智：《投反对票 独董陷罢免风波 天目药业"惊动"上交所》，《每日经济新闻》2014年5月23日。

② 张泉薇：《股东与独董爆发口水战 天目药业两位独董遭罢免》，《新京报》2014年5月27日。

定程度调整，包括监事的权力受到限制、独立董事并非全职任职等，这些因素使这两类监督人员难以像他们在德国、美国的同行一样充分发挥监督职责。包括监事和独立董事在内的很多在发达国家已经成熟的机制在引入我国后都出现了"水土不服"的现象，这种"水土不服"往往是由于它们在引入我国时经过了一定程度的调整。调整的主要缘由是政府和相关的监管者认为，要让这些机制良好运行，就应当结合我国实际国情和市场的制度背景。这种初衷本身是好的，但在具体操作中应当以极为严谨和审慎的态度进行决策。很多在发达市场国家已经证明具有显著效果的、成熟的机制都是经过长期实践检验和不断完善后形成的。如果在引入我国市场时对其进行的调整没有充分遵循这些机制的运作方式，它们的实际运行效果就难以得到保障。

三　董事的选聘与董事会的运行

（一）执行董事与非执行董事

董事是公司常设的管理职位。董事对内管理公司日常事务，对外代表公司进行经济活动。通常董事是自然人。但是，从理论上说，法人也可以担任董事，只要其有自然人作为代表来履行职责。然而，我国对法人担任董事并无明确立法，因此，在沪深 A 股上市公司中董事都是自然人。按是否参与管理公司日常事务角度，董事可以分为执行董事和非执行董事。通常来说，除独立董事之外的其他董事都是执行董事。由于我国上市公司的独立董事更多的是扮演监督者的角色，而且绝大多数独立董事都是兼任该职务，故独立董事普遍都是非执行董事。

（二）累积投票制

1. 累积投票制的含义

《中华人民共和国公司法》（2014 年修订，下同）第一百零六条规定："股东大会选举董事、监事，可以依照公司章程的规定或者股东大会的决议，实行累积投票制。"《公司法》第一百零六条对累积投票制的进一步解释是："本法所称累积投票制，是指股东大会选举董事或者监事时，每一股份拥有与应选董事或者监事人数相同的表决权，股东拥有的表决权可以集中使用。"因此，在选举董事时，股东既可用所有的投票权集中投票选举一人，也可分散投票选举多人。实行累积投票制的目的在于保护中小股东的合法权益，防止多数表决权的滥用并避免控股股东一人决定所有董事的选聘。

证监会2002年发布的《上市公司治理准则》第三十一条规定，股东大会在董事选举中应积极推行累积投票制度。控股股东控股比例在30%以上的上市公司，应当采用累积投票制。考虑到我国上市公司股权集中度较高，大多数上市公司在选举董事时都被强制要求实行累积投票制。此外，虽未在证监会发布的《上市公司治理准则》的基础上制定额外的强制性规定，深交所和上交所针对在各自股票交易市场上市的公司选举董事时也积极要求这些公司采取累积投票制。例如，上交所资本市场研究所2011年8月8日发布的《沪市上市公司年度董事、监事和高级管理人员履职情况分析》中便呼吁：沪市上市公司积极推行累积投票制，并鼓励中小股东提名并选举独立董事。

究竟什么是累积投票制呢？让我们先看看不采取累积投票制来选举董事会是何结果。假设有一家上市公司的第一大股东持股比例为51%，如果不采取累积投票制而是以直接投票制度来选举董事，由于每一股均有一投票权，那么第一大股东推举的所有董事人选都可以因为得票数过半而顺利当选，其他股东的投票对结果无任何影响。因此，在这种情况下，董事会中没有任何代表除第一大股东在外的其他股东的董事。而在实行累积投票制的情况下，不论第一大股东投票给多少位董事，他总共的投票权就只能占所有股东投票权的51%。如要尽可能让更多地被推举人选进入董事会，第一大股东需将其持有的投票权分别投于不同人选。累积投票制则允许股东可以将其在选举每位董事上的表决票数累加，即股东的总票数为其持有股份决定的表决权票数乘以需选举的董事的人数，股东可以选择将总票数集中投给某一位或几位候选人名下。累积投票制和直接投票制均以"同股同权""一股一权"为基础,但是,在表决票数的计算和具体投向上存在根本差异。

接上例,如果公司还有其他四位股东,他们的持股比例分别为20%、15%、10%和4%。现需要选举三名董事。在实行累积投票制情况下,假定公司总股本为100股,按照《公司法》对累积投票制的解释,即"每一股份拥有与应选董事或者监事人数相同的表决权",那么五名股东分别具有的投票权为:253个表决权(51股×3人次)、60个表决权(20股×3人次)、45个表决权(15股×3人次)、30个表决权(10股×3人次)和12个表决权(4股×3人次)。如果第一大股东把持有的表决权平均投给三名其推举的董事人选,那么三位人选分别获得88票、88票和87票。只要第二大股东与第三大或第四大股东将手中的票数投给一名非第一大股东选举的董事,则此人可以获得至少90票,必定可以当选。

2. 累积投票制的实施情况

累积投票制的设定和实施是为了保障中小股东利益,但是,在实施过程中也存在诸多问题。

首先,现行的相关法规条例对董事的提名并没有明确的规定,部分与此有关的条例也较为模糊。《公司法》第一百零三条规定,"单独或者合计持有公司百分之三以上股份的股东,可以在股东大会召开十日前提出临时提案并书面提交董事会"。证监会发布的《上市公司股东大会规则》(2016年修订)第十四条也有类似规定,"单独或者合计持有公司3%以上股份的普通股股东(含表决权恢复的优先股股东),可以在股东大会召开10日前提出临时提案并书面提交股东大会召集人。"这种模糊的规定使上市公司在制定公司章程时,大都针对董事提名制定有利于控股股东或大股东的规则。

例如,在2012年5月25日,格力电器(深市主板上市公司,深市代码000651)选举第九届董事会,第一大股东珠海格力集团(格力集团的实际控制人为珠海市国资委,格力集团持股格力电器18.22%)推荐董明珠等四位候选人,第二大股东河北京海担保投资公司（持股9.38%）推荐一名候选人，机构投资者股东共同推荐一名候选人，公司时任董事会则推荐了三位独立董事候选人。在这次董事会选举中，第一大股东共推荐四名候选人，而第二大股东持有公司股份比例超过第一大股东持股比例的一半，却只推荐了一名候选人。由此可见，董事选举中第一大股东对董事候选人的提名往往占据主导地位。

此外，《公司法》第一百零四条规定："股东大会作出决议，必须经出席会议的股东所持表决权过半数通过。"因此，在累积投票制下，极有可能出现某位董事人选由于得票数未过半而不能当选。接上例，此次格力电器董事会的选举，最后第一大股东格力集团推荐的人选中有三人当选和一人落选。落选的候选人虽然得票率为34%，但由于未过半数未能当选，直接导致且最终只选举了八名董事。《公司法》第一百零九条规定："股份有限公司设董事会，其成员为五人至十九人。"通常来说，董事会总人数应为奇数。格力电器的董事会规模也定为九人，但在该次董事会选举后，格力电器却只选出了总人数为偶数的八名董事。在此后的两年里，格力电器董事会一直保持该规模和配置进行运作，直到2014年5月20日才补选了一名董事。

（三）董事选聘制度的思考

从上述情况可以看到，我国目前对于上市公司的董事选举的相关立法应该加以完善。

首先，应对董事提名机制做出更为明确的规定，保障中小股东对董事的提名权力并限制大股东的提名人数。保障中小股东的董事提名权有很大概率会增加董事的候选人数并使候选人数超过公司章程预设董事人数。因此，《公司法》或证监会出台的相关规则中需要进一步明确董事会的选举应采取差额选举制度。

其次，相关法规还应当允许董事的选举实行多轮投票制，当第一轮选举中董事人选未选足时，可以进行第二轮投票来保障选出足额的董事人数。如果不明确规定可采取多轮投票，那么《公司法》

便不应让董事选举适用"股东大会作出决议必须经出席会议的股东所持表决权过半数通过"这一规定。否则，类似格力电器第九届董事会选举中董事人数未足额选出的尴尬事件便难以避免。

最后，累积投票制虽然已在沪深A股上市公司中得到较大推广，但由于目前我国中小投资者（尤其是散户投资者）持股比例极为分散，而且缺席股东大会或者不参与股东大会表决的情况尤为普遍。这使在股东大会时实际出席的股东人数远少于应出席人数，从而造成第一大股东持有的表决权占投票时的总表决权的绝大多数。极端情况下，第一大股东在股东大会上持有100%的表决权数。① 在这种情况下，实行累积投票制已无实际意义。因此，要避免这种现象还应进一步发展机构投资者，鼓励其参与标的公司的治理和加强对其行为的监管，从而让更多的散户信任和选择机构投资者。只有机构投资者在市场上代替中小投资者成为沪深A股市场中外部投资者的主体，才能尽可能地避免外部投资者在股东大会上"隐身"的现象，并强化董事会的多元化和对外部投资者的保护职能。

四　董事长、总经理以及两职分离

（一）董事长和总经理的设立

董事选举完成后董事会即形成。公司董事会成立后应设董事长职位，并可以根据实际情况设立副董事长。《公司法》第四十五条规定："董事长和副董事长的产生办法由公司章程规定。"第一百一十条进一步规定："董事长和副董事长由董事会以全体董事的过半数选举产生。董事长负责召集和主持董事会议，检查董事会决议的实施情况。"并且具有召集和主持股东会议的权力。从理论上说，董事长的权力在董事会职责范围之内，不管理公司的具体业务，一般也不会干涉公司决策的具体执行过程。但是，由于董事长本身也是董事，所以，通常情况下董事长会参与公司具体决策的商议和制

---

① 钱玉林：《累积投票制的引入与实践——以上市公司为例的经验性观察》，《法学研究》2013年第6期。

定，包括总经理的选聘。

《公司法》第一百一十四条规定："股份有限公司设经理，由董事会决定聘任或者解聘。"总经理和首席执行官（Chief Executive Officer, CEO）虽不同名但实质为同一职位。与董事长不同，总经理是负责公司内部日常经营管理事务和公司决策执行的最高职位。由于股份有限公司中总经理的聘任和薪酬都是由董事会决定，故其对董事会负责，实施董事会制定的各项决策，并在董事会赋予的权力范围内对公司日常经营事务进行管理。一般情况下，总经理有权聘任副总经理及其他公司日常行政管理岗位的员工。此外，总经理还需向董事会提交季度、年度报告、各种财务报表和利润分配方案、弥补亏损方案等。根据《公司法》第十三条规定，董事长、执行董事和总经理都可以成为公司的法人代表。

（二）两职合一和分离

1. 两职合一与分离的利弊

董事长和总经理作为公司内部最重要的两个管理职位，分别负责董事会决议事项和公司日常管理事项。这两个职位如果由同一人担任，那么公司的行政管理权力将高度集中，使公司重要决策的制定和执行权力集中于一人。这种高层管理者职位的设置可以强化公司领导的权威，有效地避免公司最高层管理者之间的权力冲突，并提升公司运营效率。此外，由于董事的选聘是由股东大会决定，股东对于董事长具有比对总经理更多、更直接的制约力。因此，董事长和总经理两职合一会在一定程度上增加公司管理层对股东（尤其是大股东）利益的关注。另外，董事长和总经理两职合一造成的公司内部领导权力高度集中，会削弱董事会对公司管理层的监控职能，在具体实践过程中，会造成董事长自己监督自己的现象。再者，两职合一会使公司重要决策过度受制于单一个人的意志，不利于发挥群策群力的效果，并且会进一步影响公司的创造力和应变能力。综合上述情况，董事长和总经理两职合一或者分离都各有利弊。

从实证研究角度出发，学术界对两职是否应该分离也持有截然不同的观点。西方发达国家，由于资本市场历史悠久并且公司治理机制在较早前已经形成了一套较为完整的体系，业界和学界对董事长和总经理两职设立也早有关注。有的研究结论认为，两职分离会增加董事会对CEO的监督和控制力，并且在其他条件相同的情况下，两职分离的公司业绩要好于两职合一的公司。[1] 也有研究认为，两职合一的公司会使管理层的领导力更强和职能设定更为清晰，从而增加董事会的行政管理效率，并加快公司决策制定的过程。[2] 关于董事长和总经理两职分离在我国上市公司中的作用，目前学术研究也有不同的结论。有的研究结果支持两职合一会降低公司的绩效[3]，有的则认为，两职合一或分离对公司业绩并无显著的影响。[4]

2. A股上市公司中两职设立的情况及分析

总体来说，不论在国外还是国内，实行董事长与总经理两职分离的上市公司数量要远远多于两职合一的公司数量。2015年年底，沪深两市A股上市公司中，董事长与总经理两职分离的公司占上市公司总数的比例约为73%。[5] 就我国上市公司而言，董事长和总经理两职分离利大于弊。主要原因在于：我国上市公司目前股权集中度高，在董事和董事长的选聘过程中，控股股东的影响力尤其特大；中小股东股权又极为分散，难有代理人进入董事会来维护他们的利益。再者，国有上市公司占比居高不下，加剧了委托—代理冲突，并使管理层具有较强的从事机会主义行为的动机。如果董事长

---

[1] Rechner, P. and Dalton, D., "CEO duality and organizational performance: A longitudinal analysis", *Strategic Management Journal*, Vol. 12, 1991, pp. 155 – 160.

[2] Donaldson, L. and Davis, J., "Stewardship theory or agency theory: CEO governance and shareholder returns", *Australian Journal of Management*, Vol. 16, 1991, pp. 49 – 64.

[3] （1）Bai, C., Liu, Q., Lu, J., Song, F. and Zhang, J., "Corporate governance and market valuation in China", *Journal of Comparative Economic*, Vol. 32, 2004, pp. 599 – 616.

（2）Kato, T. and Long, C., "CEO turnover, firm performance, and enterprise reform in China: evidence from micro data", *Journal of Comparative Economics*, Vol. 34, 2006, pp. 796 – 817.

[4] Chen, G., Firth, M. and Xu, L., "Does the type of ownership control matter? Evidence from China's listed companies", *Journal of Banking and Finance*, Vol. 33, 2009, pp. 171 – 181.

[5] 数据来源于国泰安数据服务中心。

和总经理两职合一，一则使董事长的权力更为集中，并更专注于维护控股股东利益，导致中小股东的权利更难以得到维护；二则会削弱董事会的监督能力和意愿，加剧管理层从事机会主义行为的动机。

此外，我国上市公司目前总体上仍处于高速增长阶段，在未来很长时间内，上市公司对人才吸纳和业务拓展方面有较大需求，这也使绝大多数的上市公司都需要多元化和富有活力的管理层。因此，在经济尚处于转型期的我国和公司治理水平尚处于发展阶段的我国资本市场，应该继续维持和推广上市公司实行董事长和总经理两职分离。

五 高层管理者的薪酬和激励

（一）高层管理者薪酬类别

高层管理者薪酬和激励计划是保障管理层职尽其责并抑制代理冲突的治理机制之一。高层管理者的薪酬是对高层管理者所创造的企业价值的认可，也是管理层自身价值的一种体现。合理的高层管理者薪酬和适当的激励会降低高层管理者从事机会主义行为的概率，让高层管理者更专注于提升公司业绩和股东权益最大化的目标。高层管理者薪酬包括即期支付薪酬（或基本薪酬）、递延支付薪酬和非货币性薪酬三类。即期支付薪酬也就是固定工资和绩效工资（或奖金），是对管理层承担的日常工作或根据管理层具备的工作技能、从业经验和从事的职务类别向其支付的稳定薪酬。这部分薪酬通常也是高层管理者薪酬的主要组成部分。即期支付薪酬或基本薪酬中也包括固定支付的绩效薪酬（奖金），这部分薪酬与公司业绩或公司股价挂钩，对高层管理者具有一定的激励效果。

递延支付薪酬从字面上理解就是非即时支付的薪酬，通常是长期性的激励性报酬。公司往往通过给予高层管理者期权或限制性股票的方式进行支付。公司给予高层管理者的期权是指高层管理者在期权进入行权期后可以按期权合约中规定的价格购买一定数量的本公司股票。聘用单位希望以此赋予高层管理者更强烈的动机提升公司市场价值，从而使股东的权益实现增殖。公司股价上涨超过行权价格越多，则高层管理者行权后可以获得的收益也越多。而限制性股票则是指公司按照预定的条件给予高层管理者一定数量的本公司股票，高层管理者在工作年限或业绩目标满足约定好的条件时可出售限制性股票获得现金收益。两种方式都是属于股权激励的范畴而且通常情况下也结合在一起使用，它们的目的都在于激励高层管理者，并且把高层管理者利益与股东利益更紧密地联合在一起，从而使高层管理者和股东成为利益共同体。递延支付薪酬与即期支付薪酬中公司支付给高层管理者的奖金并不相同，虽然两者都具有激励作用，但递延支付薪酬属于长期的激励计划，更注重高层管理者对公司的持续性发展所做的贡献，因此能更有效地减少代理成本，提升公司与股东价值。

非货币性薪酬主要包括公司给予高层管理者的其他各类福利，包括休假、医疗和体检服务、良好的工作环境、居住场所等。公司提供的非货币性薪酬主要是给予高层管理者更优质的工作氛围和工作体验，提升公司凝聚力，并体现公司对员工的关怀。多种形式的薪酬在体现高层管理者价值和激励高层管理者尽职上具有不同的作用。因此，合理的薪酬结构是以上三种薪酬形式的有机结合。也就是说，合理的薪酬结构应采取混合式的薪酬设计模式，包括以即期发放的薪酬来回报高层管理者日常工作和对高层管理者技能与经验的肯定，以长期性的激励薪酬来刺激高层管理者为公司持续性的发展而努力，以非货币性薪酬来体现公司对高层管理者的关怀并维护高层管理者与公司的情感。

(二) A股上市公司高层管理者薪酬状况及分析

1. 早期情况

在沪深两市成立初期，上市公司的管理层与员工之间的薪酬差距很小。主要原因在于：早期的上市公司基本都是国有企业，并且在改革开放初期时国有企业中的高层管理者（包括董事长、总经理等）的主要工作职责是完成政府下达的行政任务或者协助政府承担各项社会责任，而企业的绩效提升往往不是评价国有企业高层管理者工作的核心指标。[1] 此外，公务员的薪酬体系也限制了他们现金形式的薪酬的增长。从上市公司年报披露的数据看，20世纪90年代末至21世纪初，大部分国有上市公司的高层管理者薪酬持续保持较低水平。这个时期内，A股上市公司薪酬最高的三位高层管理者的平均薪酬约为9.7万元人民币。[2] 虽然从年报披露的公开数据看，上市公司高层管理者薪酬不高，但高层管理者们仍可以获得可观的工资外的各类补贴，例如误餐补贴、通信补贴、交通补贴，甚至部分上市公司还为高层管理者及其家属的娱乐活动和度假支付费用。[3]

这些现象随着国有企业改革和民营上市公司数量的不断增加，逐渐得到改善。部分国有上市公司也开始聘请职业经理人担任公司高层管理者，而且也针对公司的薪酬体系做出调整并增加对高层管理者的薪酬激励。证监会在2002年发布的《上市公司治理准则》第五十二条也鼓励上市公司董事会下设薪酬和考核委员会，并且第五十六条还对薪酬和考核委员会的职责做了相关说明：（1）研究董事与经理人员考核的标准，进行考核并提出建议；（2）研究和审查董事、高级管理人员的薪酬政策与方案。A股上市公司高层管理者的薪酬支付方式和支付水平也自此开始逐渐发生变化。

2. 近期情况

在过去十余年我国经济一直维持着较高的增长水平，居民收入水平随之不断提升。21世纪初，沪深A股上市公司的高层管理者的薪酬也出现了一拨持续和高速的增长，部分国有上市公司也开始给予高层管理者高额的薪酬待遇。根据同花顺财经统计的信息，2013年年底，上市公司高层管理者年薪的平均值为44.8万元，而中央企

---

[1] 钱颖一：《企业的治理结构改革和融资结构改革》，《经济研究》1995年第1期。
[2] Kato, T. and Long, C., "Executive compensation, firm performance, and corporate governance in China: Evidence from firms listed in the Shanghai and Shenzhen stock exchanges", *Economic Development and Cultural Change*, Vol. 54, No. 4, 2006, pp. 945 – 983.
[3] Tian, L. and Estrin, S., "Debt financing, soft budget constraints, and government ownership: Evidence from China", *Economics of Transition*, Vol. 15, No. 3, 2007, pp. 461 – 481.

业的总经理的年薪的平均值为77.3万元，为2004年的2.2倍。中集集团（深市主板上市公司，深市代码000039）总裁麦伯良2013年的年度薪酬为869.7万元，是中央企业总经理薪酬之冠。虽然中央在2014年出台了《中央管理企业负责人薪酬制度改革方案》（以下简称限薪令），并且从2015年1月1日开始付诸实施，但施行的效果却不尽如人意。48家上市中央企业总经理平均薪酬由2014年的97万元上涨至2015年的107万元。[①] 从沪深两市整体来看，2015年，上市公司高层管理者薪酬总额最高的是中国平安（沪市主板上市公司，沪市代码601318），其前三名薪酬最高的高层管理者的薪酬总额为3180万元人民币，而排在上市公司高层管理者薪酬百强中最后一位的中国国贸（沪市主板上市公司，沪市代码600007）的前三位薪酬最高的高层管理者的薪酬总额为853万元。[②]

3. 存在的问题

虽然薪酬水平不断提升，但是，薪酬结构却还是较为单一化。根据《福布斯》中文版发布的信息，2015年，所有A股上市公司CEO的平均薪酬为203万元。[③] 在给予高层管理者股权激励（给予期权和限制性股票）方面，2015年共有281家公司实施了股权激励（部分公司给予多位高层管理者股权激励），只占两市公司总数不到10%。[④] 因此，总体来看，我国上市公司的高层管理者薪酬虽保持持续增长，但薪酬结构依然以固定薪酬为主，采用股权激励的公司依然偏少，总体结构非常不合理。而相关的实证研究表明，股权激励会对例如公司投资效率等方面的公司绩效产生正面效应。[⑤]

[①] 王林：《国有企业改革专家调研称：薪酬改革目前只有高层看得到的地方动了》，《中国青年报》2016年4月14日。

[②] 《上市公司高层管理者薪酬榜：2015年上市公司高层管理者薪酬排行榜》，每日财经网，2016年5月11日。

[③] 顾梦琳：《2015中国上市公司薪酬榜公布 杨元庆成最贵CEO》，《京华时报》2015年7月22日。

[④] 数据来源于国泰安数据服务中心。

[⑤] Chen, N., Sung, H. and Yang, J., "Ownership structure, corporate governance, and investment efficiency of Chinese listed firms", *Pacific Accounting Review*, 2016, forthcoming.

此外，我国上市公司的股权激励出台较晚，上市公司在这方面的经验不足，其方案的设计往往存在一些较为突出的问题。在制订股权激励方案时，上市公司应针对绩效考核指标体系、期权的行权价格、股票期权数量和比例以及行权日等诸多条款加以详细规定。如果这些细节未妥善处理，那么，在缺乏严格的约束机制的情况下，公司高层管理者将会很容易通过对绩效考核指标的选择和标准的设计来实现"自利"目的。① 从 A 股上市公司的实际操作情况来看，大部分上市公司在其股权激励方案的绩效考核指标设计方面都异常宽松，这种宽松表现在绩效考核指标更多地采用利于高层管理者操纵的会计利润（以净利润增长率和净资产收益率为主），而较少采用诸如现金指标和公司市值等高层管理者操纵难度大的指标，从而使得高层管理者能较容易获得和行使股票期权。② 这种结果是造成股权激励更多地成为 A 股上市公司高层管理者的"福利"，而不是激励。③ 因此，未来我国上市公司不仅应在高层管理者薪酬结构中更多地采用股权激励计划，而且还应在制订股权激励方案时采用能更为客观地评价高层管理者绩效的指标作为绩效考核的依据，这样，才能有效地发挥高层管理者薪酬体系对减少代理冲突方面和推动公司持续发展方面的作用。

六　董事会及管理层的多样性

（一）多样性的利弊

海纳百川，有容乃大。对于企业来说，也是如此。上市公司在推行员工背景多样化的同时，也应该倡导董事和其他高层管理者人员背景、特征的多样化。如果上市公司的董事和其他高层管理者的个人背景和特征差异性小，那么在制定和执行公司策略时容易导致

---

① 吴育辉、吴世农：《企业高层管理者自利行为及其影响因素研究——基于我国上市公司股权激励草案的证据》，《管理世界》2010 年第 5 期。
② 同上。
③ 吕长江、郑慧莲、严明珠、许静静：《上市公司股权激励制度设计：是激励还是福利？》，《管理世界》2009 年第 9 期。

出现策略单一、应变能力不足和创新能力偏弱等问题。公司董事会及高层管理者的文化和教育背景、社会风俗、年龄和性别、个人信仰等方面保持一定的异质性，这会有利于拓展公司董事会或管理层的决策思维，减少惯性思维和"群伙效应"对公司持续发展产生的负面作用。再者，多样性特征会显著提升公司董事会和管理层对新生事物的接纳能力及对突发情况的处理能力。从公司治理角度看，董事会的多样性可以提升董事会作为监督机构整体的技能和经验水平，让董事会应对公司内部冲突和其他管理层的自利行为时有更准确的判断和处理能力。但是，董事和其他高层管理者多样性会或多或少地造成管理层内部意见不统一和引发意见冲突，从而会降低团队凝聚力和影响策略执行效率。这时就需要公司的最高层级管理者有较强的领导和协调能力。如果这个条件不能得到满足，那么董事会及管理层多样性不仅难以发挥其正面效用，还有可能对公司价值产生负面影响。

（二）A股上市公司董事会和高层管理者多样性解析

1. 董事及其他高层管理者的性别差异

从我国上市公司情况看，上市公司董事和其他各类型高层管理者依然具有特征较为单一的情况，例如性别方面的差异性并不明显。总体来看，我国上市公司中女性担任公司董事或高层管理者的人数偏少，而女性担任公司最高领导职务（董事长和总经理）的数量则更少。女性高层管理者与男性相比，在制定公司决策时会较为保守，例如，体现在使用较低的财务杠杆[1]、由女性担任高层管理者的公司发布的财务报告也较为保守等。[2] 从实践来看，这种保守有利于公司规避不必要的投资和财务风险。女性高层管理者比例高

---

[1] Huang, J. and D. J. Kisgen, "Gender and Corporate Finance: Are Male Executives Overconfident Relative to Female Executives?", *Journal of Financial Economics*, Vol. 108, No. 3, 2013, pp. 822–839.

[2] Francis, B., I. Hasan, J. C. Park and Q. Wu, "Gender Differences in Financial Reporting Decision-making: Evidence from Accounting Conservatism", *Contemporary Accounting Research*, Vol. 32, No. 3, 2009, pp. 1285–1318.

的上市公司发生违规的概率也较低。① 再者，女性高层管理者通常更关注企业社会责任的履行，例如，女性高层管理者参与往往会使公司做出较多的社会捐赠。②

我国自古有"女子无才便是德"之说，长期以来，女性社会地位较低。这一现象一直到 20 世纪初期才逐渐得到改变。基于 2009—2013 年沪深 A 股上市公司的样本分析，女性担任公司高层管理者和董事长的人数仅占女性高层管理者和董事总人数的 2% 和 1.6%。③ 虽然女性担任上市公司各类高层管理者的比例依然较低，但该指标在最近几年逐渐上升。

2. 男、女性高层管理者薪酬差异

从我国上市公司披露的高层管理者信息中可以看到（见表 1 - 3），女性高层管理者比男性高层管理者在年龄和受教育程度上都具有优势，但是，在薪酬和担任董事长、总经理的比例这几个指标方面却较低。如果仅针对高层管理者这个职位做分析，女性高层管理者的平均年龄要低于男性高层管理者，而女性高层管理者受过高等教育的人数的平均值却高于男性高层管理者。在薪酬方面，女性高层管理者的薪酬的平均值要高于男性高层管理者，但中位数却低于男性高层管理者。女性高层管理者的薪酬的平均值较高或许是因为女性高层管理者的总人数较少，但少数女性高层管理者却获得了很高的薪酬。根据沪深 A 股上市公司的女性高层管理者的样本统计信息，中华远地产现任董事长孙秋艳和世联行现任总经理朱敏在 2013 年的总薪酬都超过了 500 万元人民币，而格力电器的现任董事长董明珠在 2012 年和 2013 年总薪酬也接近 500 万元人民币。此外，根据福布斯发布的 2014 年 A 股上市公司薪酬榜中，孙秋艳以 768 万

---

① Cumming, D. J., T. Y. Leung and O. M. Rui, "Gender Diversity and Securities Fraud", *Academy of Management Journal*, Vol. 58, No. 5, 2015, pp. 1572 - 1593.

② 杜兴强、冯文滔：《女性高层管理者、制度环境与慈善捐赠——基于中国资本市场的经验证据》，《经济管理》2012 年第 11 期。

③ 数据来源于国泰安数据服务中心。

元人民币排名第四,朱敏和董明珠则分列第 8 位和第 11 位。① 相信随着社会不断进步,我国上市公司中女性高层管理者的参与程度还会不断增加。此外,由于我国对外开放程度与美国等发达市场国家相比较低,上市公司中绝大多数高层管理者都是本土人才,未来还应积极吸纳海外人才进入董事会及高层管理者团队。这对于逐渐开始开拓海外市场的我国本土上市公司而言尤其重要。

表 1-3　　　　男、女性高层管理者特征差异

特征	女性高层管理者 平均数	中位数	男性高层管理者 平均数	中位数	差异 平均数差异（t 值）	中位数差异（z 值）
	样本量		样本量			
年龄	46.224	46.000	49.308	48.000	-3.084*** (-46.900)	-2.000*** (-45.222)
	18846		112685			
薪酬	212433	104000	256090	120000	-43657*** (-11.490)	-16000*** (-7.708)
	16502		93791			
教育水平	0.806	1.000	0.785	1.000	0.021*** (6.470)	0.021*** (6.473)
	18883		112912			
高层管理者比例	0.020	0.000	0.063	0.000	-0.043*** (-23.690)	0.000*** (-23.643)
	18883		112912			
董事长比例	0.016	0.000	0.068	0.000	-0.052*** (-27.870)	0.000*** (-27.784)
	18883		112912			
特征	女性高层管理者 平均数	中位数	男性高层管理者 平均数	中位数	差异 平均数差异（t 值）	中位数差异（z 值）
	样本量		样本量			
年龄	47.553	48.000	48.225	48.000	-0.672** (-2.020)	0.000 (1.158)
	378		7124			
薪酬	758271	420000	610939	455850	147332*** (3.110)	-35850** (-2.538)
	263		4702			

---

① 徐庭芳:《2014 年 A 股高层管理者"富人榜"发布：中集集团麦伯良 870 万居首》,《澎湃新闻》2014 年 7 月 9 日。

续表

特征	女性高层管理者 平均数	女性高层管理者 中位数	男性高层管理者 平均数	男性高层管理者 中位数	差异 平均数差异（t值）	差异 中位数差异（z值）
	样本量		样本量			
教育水平	0.826	1.000	0.770	1.000	0.056**	0.000
	379		7132		(2.540)	(0.232)

注：表中报告的是沪深 A 股上市公司的男、女性高层管理者在个人特征及薪酬方面的差异；薪酬的单位为元；教育水平的衡量方式是，如果高层管理者具有大学本科及以上学历，那么教育水平赋值为 1，否则赋值为 0；实证研究使用的样本是 2009—2013 年间所有沪深 A 股上市公司，但部分上市公司因为数据披露不全，未包含在统计样本中；*、** 和 *** 分别表示在 10%、5% 和 1% 的水平上显著。

资料来源：国泰安数据服务中心。

七 内部审计

（一）内部审计的定义及职责

1. 什么是内部审计

内部审计是相对于外部审计而言的，由企业自身开展的审计工作，并服务于企业管理机构的一种独立检查、监督和评价的活动。根据国际内部审计师协会（The Institute of Internal Auditors）对内部审计的定义，内部审计是一种独立、客观的确认和咨询活动，它通过应用系统的、规范的方法，评价并改善风险管理、控制和治理程序的效果，帮助组织实现其目标。具体来说，它是通过对企业的财务收支和其他经济活动进行的事前和事后的审查和评价，以确定企业的经济业务是否遵循了公认的方针和程序、是否符合既定标准、是否有效地和经济地使用了资源以及是否正在实现企业目标。内部审计旨在增加价值和改善组织的运营，它既可用于对内部牵制制度的充分性和有效性进行检查、监督和评价，又可用于对会计及相关信息的真实性、合法性、完整性，对资产的安全性、完整性，对企业自身经营业绩、经营合规性进行检查、监督和评价。

2. 上市公司内部审计的职责

对于上市公司而言，内部审计的工作主要是由董事会下设的审计委员会来承担。根据证监会发布的《上市公司治理准则》第五十四条规定，审计委员会的主要职责包括：（1）提议聘请或更换外部审计机构；（2）监督公司的内部审计制度及其实施情况；（3）负责内部审计与外部审计之间的沟通；（4）审核公司的财务信息及其披露；（5）审查公司的内控制度。以上五项职责与国际会计准则中对审计委员会的相关规定相一致。[①] 五项职责中除了第一项和第三项是需要与外部审计协同完成，其余三项都属于内部公司治理职责。

（二）上市公司内部审计的独立性

审计委员会由于是公司内设机构，要使其不受内部管理层其他员工的干扰并发挥效力，就必须要保持其具有相对的独立性。为了让审计委员会尽可能地保持独立性和具备专业能力，《上市公司治理准则》进一步规定审计委员会中独立董事应占多数并担任召集人，并且至少有一名独立董事是会计专业人士。为了配合《准则》，国务院国有资产监督管理委员会（以下简称国资委）在2004年10月也发布了《中央企业内部审计管理暂行办法》（以下简称《暂行办法》），要求中央企业必须设立独立的内部审计机构。从《准则》和《暂行办法》的设定可以看出监管机构用心良苦，希望审计委员会能成为保障公司资源合理使用和财政开支及其他经济活动循规守矩的重要治理机制。然而，审计委员会在实际运行中，其内部审计工作的开展和效果却依然有待商榷。其中，最主要的问题依然是审计委员会的独立性难以得到有效保障。

以在港上市的规模最大的前50家中国公司（绝大部分为国有控股或政府持有大量股份）为样本进行分析，67.4%的公司的审计委员会中至少有1人是政府官员，而且这些公司的审计委员会中

---

① Yang, J., Jing, C. and Martin, Y., "A Review of Corporate Governance in China", *Asian-Pacific Economic Literature*, Vol. 25, No. 1, 2011, pp. 15–28.

27.7%的委员为政府官员。[1] 这些审计委员会委员虽然被上市公司认定为属于"独立",但官方背景使其与作为公司控股股东或大股东的政府有着千丝万缕的联系。此外,由于独立董事需占审计委员会的多数,而在上文中也曾提到,就我国上市公司目前的情况而言,独立董事的聘任受大股东的影响居多,因此,他们难以保持较高的独立性。这从而会进一步影响审计委员会的独立性。更进一步地,审计委员会的独立性分部分独立和完全独立两种情况,完全独立指的是审计委员会中的所有委员都是独立董事。1999年12月,纽约证交所(NYSE)和纳斯达克(NASDAQ)开始强制所有上市公司都要设立审计委员会,并且所有董事都要独立于管理者和上市公司,也就是说,要求上市公司的审计委员会完全独立。虽然我国绝大多数上市公司都达到《上市公司治理准则》所要求的审计委员会中独立董事应占多数和至少有一名独立董事是会计专业人士的规定,但是,完全独立的审计委员会所占比重还不到3%。[2]

相关实证研究对我国上市公司设立的审计委员会是否能有效履行内部审计职责并没有一致意见。部分研究认为,其实际效果并不明显,对上市公司无实质性影响[3];而也有研究发现其对公司的财务报表质量有正面效应,在一定程度上可以减少公司管理层的盈余管理行为。[4] 从目前可以获得的实证证据来看,我国上市公司中审

---

[1] Lin, P., Hutchinson, M. and Percy, M., "The Role of the Audit Committee and Institutional Investors in Constraining Earnings Management: Evidence from Chinese Firms Listed in Hong Kong", Working Paper, Queensland University of Technology and Griffith University, 7 July, 2009. 此文章为未发表的工作论文,可从下列链接中获得: http://eprints.qut.edu.au/37996/.

[2] 翟华云:《审计委员会和盈余质量——来自中国证券市场的经验证据》,《审计研究》2006年第6期。

[3] Wei, G., "Ownership Structure, Corporate Governance and Company Performance in China", *Asia Pacific Business Review*, Vol. 13, No. 4, 2007, pp. 519 – 545. Lin, Z. J., Xiao, J. Z. and Tang, Q., "The Roles, Responsibilities and Characteristics of Audit Committee in China", *Accounting, Auditing and Accountability Journal*, Vol. 21, No. 5, 2008, pp. 721 – 751.

[4] 翟华云:《审计委员会和盈余质量——来自中国证券市场的经验证据》,《审计研究》2006年第6期。

计委员会究竟是不是一项有效的治理机制并没有定论。但是，可以确定的是，其独立性在很大程度上受上市公司股权结构和产权背景的影响；在整体制度背景没有大的变更的情况下，公司的内部审计工作难以充分独立于公司实际控制人、其他大股东以及管理层。此外，证监会还可以考虑对独立董事在审计委员会中的占比提出更严格的要求，例如，全部委员都应是独立董事，尽可能地使审计委员会的工作不受公司内部人士干预。

第二节　外部治理

第一章第一节阐述了公司内部治理机制的构成以及它们在抑制代理冲突和提升公司绩效方面的作用。本节将开始叙述外部治理机制在以上方面的作用。所谓外部治理机制，是指非公司内部人士参与的对公司财政开支、会计报表及其他各类经济活动进行监督和审查。它是对内部治理机制的有效补充，其最终目的依然是促使公司内部各权力机构在法律制度和公司章程的框架下有序并合理地运行，争取令公司各相关方的利益实现最大化。外部治理机制包括公司的债权人（例如银行、公司债券持有人等）、对公司进行审计的会计师事务所、所在行业的产品市场竞争、控制权市场、政府监管机构和上市公司分析师等。与内部治理机制不同，外部治理机制的参与方都是公司外部人士、机构以及其他相关个人或单位。

一　机构投资者

（一）机构投资者的类别

1. 证券投资基金

在上一章曾提到了我国股票市场的鲜明特征之一是个人投资者，也就是散户在市场中的参与非常广泛，从而使以证券投资基金为主的机构投资者的规模受到一定限制。本书中所关注的机构投资者主要是指一些在股票市场进行投资的金融机构，包括证券投资基金、保险公司、信托公司、社保基金等。不同类型的机构投资者在投资于股票市场及参与投资标的的治理与决策方面存在很大的异质性。证券投资基金是最早进入 A 股股票市场的机构投资者。1997 年 11 月，国务院发布了《证券投资基金管理暂行办法》，将证券投资基金正式引入 A 股市场。所谓证券投资基金，是指通过公开发售基金份额募集资金，由基金托管人托管，由基金管理人管理和运作资金，是一种利益共享、风险共担的集合投资方式。按照主要的投资标的划分证券投资基金大体可分为偏股型基金、债券型基金和混合型基金。顾名思义，偏股型基金的大部分资金都投向于股票市场，而混合型基金则只有少部分资金投向于股票市场。与普通投资者不同，证券投资基金由于其资金规模大，可以持有上市公司股票的数额要远远超过普通的个人投资者。

由于我国 A 股市场主要面对的是本土投资者，A 股市场中的境外投资者占比不高。大额的投资只能通过合格的境外机构投资者身份投资于 A 股市场。合格的境外机构投资者（Qualified Foreign Institutional Investors，QFII）是在 2002 年年末正式引入 A 股市场。证监会和中国人民银行在 2002 年 11 月发布了《合格境外机构投资者境内证券投资管理暂行办法》，并于同年 12 月实施。根据我国外汇管理局公布的数据，截至 2015 年 12 月 25 日，我国累计批准了总额为 810.68 亿美元 QFII 投资于 A 股市场。[①] 从总额来看，QFII 在 A 股市场所占份额并不高，而且考虑到部分 QFII 在大多数情况下并不会满仓，所以，QFII 所持有的 A 股上市公司权益与本土证券投资基金相比并不是很高。根据东方财务网提供的数据，2015 年年底，QFII 共持有 208 家 A 股上市公司股票，其中，深市主板上市公司 41 家，中小板上市公司 53 家，创业板上市公司 29 家，沪市主板上市公司 85 家。QFII 在 A 股上市公司中占 1.13%，中位数则仅为 0.70%，

---

① 张晓峰：《外汇局公布最新 QDII、QFII、RQFII 投资额度审批情况》（截至 12 月 25 日），中国外汇网，2015 年 12 月 28 日。

最小和最大持股比例分别是 0.06% 和 13.64%。在所有有 QFII 持股的上市公司中，仅有 5 家被 QFII 持有股票超过 5%，并且其中 4 家上市公司被多个 QFII 持有股票。由此可见，QFII 在绝大多数情况下无法对其持有股份的上市公司产生实质性的影响。

可以看到，证券投资基金是我国 A 股市场中最主要的机构投资者，这不仅体现在其持有上市公司股票规模上，还体现在其参与上市公司治理及影响上市各项经营决策方面。国外大量研究都证明，证券投资基金是对上市公司积极的监管者，在提高公司绩效、遏制公司高层管理者的机会主义行为方面都有显著作用。上文曾提到我国证券投资基金的投资行为以及参与公司治理方面还存在一些不规范的现象，但也有研究认为，证券投资基金在提升 A 股上市公司绩效方面可以产生一定作用。[①]

2. 保险公司和社保基金

除证券投资基金外，保险公司和社保基金也是股票市场的重要参与者。与证券投资基金相比，虽然保险公司和社保基金的投资规模也非常庞大，但是，由于这两类机构投资者的投资目的和身份限制会在一定程度上影响它们参与上市公司治理与决策的意愿。2002 年国务院出台了《关于推进资本市场改革开放和稳定发展的若干意见》，提出要鼓励合规资金入市，并支持保险资金以多种方式直接投资资本市场，逐步提高社保基金等投入资本市场的资金比例。2004 年 10 月，保监会联合证监会正式发布《保险机构投资者股票投资管理暂行办法》，允许保险机构投资者在严格监管的前提下直接投资股票市场，参与一级市场和二级市场交易，买卖人民币普通股票、可转换公司债券等投资品种，从而保险资金正式被允许以机构投资者的身份入市。2010 年 7 月保监会出台了《保险资金运用管理

---

① Yuan, R., Xiao, Z. and Zou, H., "Mutual funds' Ownership and Firm Performance: Evidence from China", *Journal of Banking & Finance*, Vol. 32, 2008, pp. 1552–1565.

暂行办法》①，其中，第十六条规定，保险公司投资于股票和股票型基金的账面余额，合计不高于本公司上季度末总资产的20%。

更进一步地，2015年7月8日，保监会发布《关于提高保险资金投资蓝筹股票监管比例有关事项的通知》，主要内容是：放宽保险资金投资蓝筹股票的监管比例，对于满足上季度末偿付能力充足率不低于120%和投资蓝筹股票的余额不低于股票投资余额的60%的保险公司，允许其将投资单一蓝筹股票占总资产的比例上限由上季度末的5%调整至10%；投资权益类资产达到30%比例上限的，可进一步增持蓝筹股票，增持后权益类资产余额不高于上季度末总资产的40%。根据保监会提供的数据，在2015年年末保险资金中，股票和证券投资基金的投资总金额达到16968.99亿元，占保险资金总量的比例为15.18%，较2014年年末的11.06%提高超过4个百分点。②

在社保基金方面，2001年12月13日，财政部、劳动和社会保障部公布了《全国社会保障基金投资管理暂行办法》（以下简称《暂行办法》），规定，划入社保基金货币资产的投资中证券投资基金、股票投资的比例不得高于40%。2003年6月2日，全国社保基金理事会与南方、博时、华夏、鹏华、长盛、嘉实6家基金管理公司签订相关授权委托协议，全国社保基金将正式进入证券市场。2016年2月，国务院常务会议通过《全国社会保障基金条例》，并在同年5月1日起实施，但该条例中并没有明确规定社保基金可直接投资于股票市场的资金比例，只是在第六条规定，应按"国务院批准的比例"进行投资。如果参照在2001年出台的《暂行办法》，那么社保基金入市的比例应该为40%。按照目前全国社会保障基金

---

① 在2014年5月保监会对《暂行办法》进行了修订，并发布了《中国保险监督管理委员会关于修改〈保险资金运用管理暂行办法〉的决定》。
② 李致鸿：《2015年末保险资金权益投资占比15% 仅次于5月末》，《21世纪经济报道》2016年1月28日。

的规模约为1.9万亿元[①]，那么以划入社会保障基金的货币资产的投资占比中证券投资基金、股票投资的比例不得高于40%计算，未来预计将有近8000亿元的社会保障基金可以入市。

与证券投资基金相比，保险资金和社保基金首先在投资于股票市场的额度方面具有严格限制。由于其特殊身份，保险资金和社保基金寻求的是稳健的投资回报，会在投资中尽量避免承担较高风险。保险资金和社保基金还需要面对持续的支付压力，对投资的流动性要求也较高。此外，保险资金和社保基金（尤其是社保基金）的投资额度普遍较大。因此，通常情况下，保险资金和社保基金会采用分散的投资策略，也就是说，会尽可能地将鸡蛋放在不同的篮子里。这种投资策略会在一定程度上降低保险公司和社保基金对单一上市公司进行监管并直接参与后者的公司治理与决策的意愿。

当然，这也不能一概而论，尤其是针对保险公司持股而言。在过去几年里，包括中国平安、前海人寿（截至2015年年底，宝能系中的深圳市钜盛华股份有限公司持有前海人寿51%股份）、安邦保险等险资在资本市场上的投资行为都非常积极，并且对其持有股份的上市公司的公司治理及重要决策都频频施加影响。然而，从目前情况来看，几起重要的险资入市并对上市公司进行干预的案例都引起了较大的争议，尤其是"宝万之争"中前海人寿参与宝能控股万科的行为。从保险公司自身来说，其投资上市公司应该是以追求稳健的投资回报为主要目的，以此应对其未来承担的持续性的保险责任。利用险资进行激进的并购是否有利于提升其偿付能力和是否符合保险公司投保客户的利益是值得商榷的。

根据东方财富网提供的数据，2015年年底，共有700家A股上市公司被社保基金持股，其中，深市主板上市公司114家，中小板上市公司204家，创业板上市公司118家，沪市主板上市公司264

[①] 《2015年底社保基金资产总额达到19139.76亿元》，新浪财经，2016年3月25日。

家；社保基金对A股上市公司的平均持股水平为1.60%，中位数则为1.14%，最小和最大持股比例分别为0.41%和10.02%；仅有13家A股上市公司被社保基金持股比例超过5%。

在险资方面，除中国人寿保险集团对旗下子中国人寿的控股外，2015年年底，共有548家A股上市公司被保险公司持有股份，其中，深市主板上市公司104家，中小板上市公司154家，创业板上市公司52家，沪市主板上市公司208家；险资持有A股上市公司股份比例的平均值和中位数分别为2.20%和1.06%，而最小和最大持股比例分别为0.05%和55.05%；共有43家A股上市公司被险资持股超过5%，6家上市公司被险资持股超过20%，还有1家上市公司被险资持股超过50%。被险资持股比例最大的上市公司是金地集团（沪市主板上市公司，沪市代码600383），富德生命人寿保险股份有限公司为前者的第一大股东，通过由旗下多个保险产品获得的资金共持有前者约30%的股份；安邦财产保险股份有限公司也持有前者超过20%的股份，而金地集团并不是金融行业上市公司，其主营业务为房地产开发与经营，与保险公司业务类别存在显著差异。

从以上数据可以看到，社保基金和保险公司对A股上市公司的持股比例整体上比较低，与QFII类似，它们在绝大多数情况下难以对投资标的公司进行实证性干预。然而，有极少数保险公司在投资A股上市公司时采取了较为激进的投资策略，持有了单一上市公司较多的股份，甚至还成为上市公司的第一大股东。这与上文所述情况基本相一致。

3. 信托

信托投资全称是信用委托投资，是一种以信用为基础的投资理财行为。我国在2001年出台了《中华人民共和国信托法》，对信托的概念进行了完整的定义：信托，是指委托人基于对受托人的信任，将其财产权委托给受托人，由受托人按委托人的意愿以自己的名义，为受益人的利益或为特定目的，进行管理或者处分的行为。

信托投资是一种常见的金融制度或工具，投资者是投入信用的委托人，而接收投资者委托的是受托人。信托投资的资金来源主要是稳定的长期信托资金，对投资客户的资金门槛要求普遍较高，同时也要求投资者具有一定的风险承担能力。

根据境内68家主要的信托投资公司发布的投资报告，2015年，它们管理的信托资产规模为16.34万亿元，平均每家信托公司为2402.95亿元，管理资产总额较2014年年末的14.01万亿元增长16.6%；而规模最大的两家信托公司为建信信托和中信信托，它们的信托资产规模都超过1万亿元。另外，还有9家信托公司的信托资产规模超过5000亿元。① 在信托公司对境内上市公司的权益投资方面，根据东方财富网提供的信息，2015年年底，共有626家A股上市公司被信托持有股份，其中，深市主板上市公司119家，中小板上市公司197家，创业板上市公司89家，沪市主板上市公司221家；所有被信托持股的上市公司中信托的股份比例平均为2.07%，而中位数为1.29%，最小和最大的持股比例分别为0.04%和26.34%，只有29家上市公司被信托持股超过5%。从以上数据可以看出，虽然信托的投资规模不断扩大，但是，与社保基金和保险公司类似，它们对A股上市公司的持股比例偏低，能显著影响上市公司治理和决策的情况并不常见。

（二）机构投资者的不足与展望

总体来说，由于散户数量依旧为数众多和相关法规对包括社保基金入市等方面依旧持有谨慎态度等，我国机构投资者在A股市场上的参与程度与西方发达市场国家相比仍有较大差距。这些差距不仅体现在机构投资者对上市公司持股水平相对较低，还体现在机构投资者的投资策略和投资结构的不理性。此外，我国当下的股票市场在制度建设和与之配套的法制建设上依然处于相对滞后的状态，这进一步引发了机构投资者在融资和投资方面的不规范行为。由于

---

① 胡萍、李珮：《2015年信托公司年报分析》，《金融时报》2016年5月16日。

机构投资者入市时间较晚，在实际的投资中还存在诸如"羊群效应"和"短期效应"等行为特征。这使机构投资者难以充分承担股票市场中的价格发现和引导的职能，并且也无法充分发挥稳定市场的作用。

在机构投资者因为其自身具有持股量大、专业素养高、信息挖掘和分析能力强等特征，本应代表中小投资者对上市公司进行有效监督并且致力于提升上市公司绩效。而在实践中，机构投资者参与公司治理的意愿和能力都受到限制。因此，中央政府和各监管机构未来应该继续推广以证券投资基金为主的机构投资者在A股市场的参与程度，给予机构投资者相应的政策扶持并规范它们的投资行为，从而减少散户投资者多且投资行为不理性等现象对市场稳定性的负面影响。从长期来看，机构投资者应该会逐渐取代散户投资者而成为市场中的主导力量。随着相关制度和监管不断完善，机构投资者的投资行为也将变得更为规范与合理。这对股票市场的整体发展也是非常重要的。

二　债权人

（一）债权融资

1. 融资选择

公司在经营发展过程中，尤其是当发展到一定规模以后，对融资的需求是难以避免的。公司融资方式有内部融资、股权融资和债权融资三大类。有诸多学者对公司融资的原因和顺序进行了大量研究[①]，其中，一个重要的理论——"啄食顺序"理论认为，当公司需要融资时会优先考虑使用内部的盈余，其次是采用债权融资，最后才考虑股权融资。使用内部盈余对公司新项目进行融资可以不用改变公司现有股权结构，不会造成公司股东的持股比例因为增发新股而摊薄，而且也不会因为增加债务导致公司未来产生更多利息开支并扩大破产风险。因此，在其他条件相同的情况下，通过使用内

---

① 具体可参见本书第四章相关内容。

部盈余来进行融资是公司融资的首选。

在公司内部盈余不足以应对新项目的需求时，债权融资则会先于股权融资被公司管理采用。其中的原因是，当公司管理层决定发行新股时（假设公司管理层比外部投资者对公司的各项信息有更详尽的了解），外部投资者会认为，公司的管理层进行股权融资的缘由是后者判定公司的价值被高估，因此，外部投资者只愿意对公司发行的新股按照其对公司价值的期望来支付对价，从而引起公司价值下降。[1] 此外，如果公司现有股东不参与公司的股权融资，那么这种通过发行新股来募集资金的行为还会导致公司现有股东的持股比例被摊薄。

2. 我国上市公司的债权融资

"啄食顺序"理论的提出已经有几十年的时间，在西方发达国家的资本市场中已经基本得到验证，然而，我国上市公司中却存在"倒啄食顺序"的情况，即上市公司优先选择股权融资，其次选择债券融资，最后才是使用内部融资。前文中曾提到，我国上市公司中广泛存在着控股股东侵占公司资金的情况。由于控股股东持股比例高，他们通常对公司资金的使用有着决定性的权力。如果使用股权融资，那么公司融得的资金便基本可以处于控股股东的掌控之中。再者，集中的股权结构即使股权融资摊薄了控股股东的持股比例，但依然无法实质性地改变他们对公司的控制权。因此，股权融资成为我国上市公司融资的首选。而债权融资优先于内部融资的现象则是因为早期我国大部分的上市公司都是国有企业，这些企业自身往往存在着经营效益不佳的情况，无法提供足够的资金用于公司新项目的开展，而国有企业的身份却令它们能较为便利地从国有商业银行获得贷款。综合起来，这些因素便造成了我国上市公司中的"倒啄食顺序"融资的现象。

---

[1] Myers, Stewart C. and Majluf, Nicholas S., "Corporate Financing and Investment Decisions When Firms Have Information That Investors Do Not Have", *Journal of Financial Economics*, Vol. 13, No. 2, 1984, pp. 187–221.

当然，这种现象在最近几年开始出现变化。一是因为近几年证监会等监管机构加大了对上市公司大股东侵占上市公司资金行为的查处力度。二是因为在最近几年，尤其是在2008年11月实施的"四万亿元计划"①之后，上市国有企业的债权融资及银行授信等出现"井喷式"增长，对债务融资的需求已没有之前那么强烈。三是沪深A股市场的长期持续低迷使上市公司的股权再融资（包括配股和增发）受到了一定程度的影响。因此，"倒啄食顺序"融资的现象并没有沪、深两市成立初期那么明显。

股东与经理人对融资顺序的看法可以从万科管理层在2016年提出的重组方案中得到体现。2016年6月17日，万科董事会表决增发股份引入深圳地铁重组预案，预案的主要内容是万科拟以发行股份的方式购买深圳市地铁集团持有的前海国际的100%股权，初步交易价格为456.13亿元。如若交易完成，万科股权结构将发生重大变化，深圳市地铁集团将晋升为第一大股东，占总股本的20.65%。方案虽然经董事会投票获得通过，但万科大股东华润派驻万科的三位董事均投反对票。华润方认为，万科计划的此项重组方案会大幅摊薄现有股东权益，万科可通过现金或债权融资方式支付全部交易对价，无须发行大量股票。②③

（二）债权人

1. 债权人的权利

公司如果进行债权融资，为公司提供资金的一方即成为公司的债权人。债权人对公司的资产具有要求权，包括要求到期偿还资产

---

① 2008年9月，国际金融危机爆发导致我国经济增速快速回落，并面临硬着陆的风险。中央政府于2008年11月推出了进一步扩大内需和促进经济平稳较快增长的十项措施。经估算，到2010年底，实施这些措施共需投资约4万亿元。此后，媒体和经济界人士将其称为"四万亿元计划"。

② 慈冰、胡雯：《华润高层愤怒万科重组预案：过去真是把万科惯坏了》，《财经国家周刊》2016年6月21日。

③ 这部分引用仅用于阐述高层管理者和股东对融资方式选择的不同观点。万科2016年6月17日在董事会进行表决的重组计划的产生和表决起源于对万科的控制权争端，双方的观点受此因素影响较大，对预案的表决也一定程度受此影响。

本息的权利。从财产求偿权来看，债权人权益优先于股东权益，并且债权人权益是以公司全部资产为要求对象的；而且在公司的解散清算过程中，债权人权益也排在股东权益之前。虽然债权人除依据与公司的契约上所规定的对企业资产的要求权之外，对于公司的事务无法享有更多的权利，但是，债权人对公司治理依然可以产生显著的影响。

当公司如要进行债权融资时，潜在的债权人需要对公司的财务状况（包括公司的销售收入、现金水平、盈利能力、之前举债的金额和还款付息等情况）进行审查，此时，潜在的债权人便可以起到对公司会计信息的审查作用。当公司的债权融资协议达成时，债权人可在双方的债务契约中对公司设定一些约束条件，包括对公司的股利支付水平、股票回购和举借新债务等行为进行限制。如公司的财务状况及经营活动达到债务契约中所规定的限制条件时，债权人便有权利要求对公司的财务状况进行重新审查。此外，《公司法》第一百七十四条规定："公司合并，应当由合并各方签订合并协议，并编制资产负债表和财产清单，公司应当自作出合并决议之日起十日内通知债权人，并于三十日内在报纸上公告。"综上所述，债权人的存在会在一定程度上增加公司的财务信息的透明度。再进一步地，公司一旦进行债权融资，那么，接下来的还本付息势必会占用公司的现金流，并且增加公司的财务风险，从而会一定程度地令公司更为谨慎地决定其财务支出及各类新项目的投资。

从实证研究角度出发，也有文献认为，我国上市公司中负债比例高（尤其是短期债务高）的公司会倾向于采用更为稳健性的会计政策。[①] 但是，在这方面也有不同观点，尤其是针对国有企业而言。有研究发现我国国有上市公司债权人中占据最主要地位的商业银行并没有实际参与债务人的公司治理，原因是在软约束情况下政府作为商业银行的实际控制人通常有较多的政治考量（如就业率和社会

[①] 刘运国、吴小蒙、蒋涛：《产权性质、债务融资与会计稳健性——来自中国上市公司的经验证据》，《会计研究》2010年第1期。

福利等），不愿意对陷入经营危机的国有上市公司伸张其债权人的权利。①

以上是公司依然处于正常运营情况下债权人对会计信息披露及质量方面的影响，当公司资不抵债进入破产程序时，债权人可以获得公司的部分控制权，从而直接参与公司治理。自2007年6月1日实施的《中华人民共和国企业破产法》第六十一条规定，当公司进入破产程序时，"债权人会议行使下列职权：（一）核查债权；（二）申请人民法院更换管理人，审查管理人的费用和报酬；（三）监督管理人；（四）选任和更换债权人委员会成员；（五）决定继续或者停止债务人的营业；（六）通过重整计划；（七）通过和解协议；（八）通过债务人财产的管理方案；（九）通过破产财产的变价方案；（十）通过破产财产的分配方案；（十一）人民法院认为应当由债权人会议行使的其他职权"。

从上述权利可以看到，债权人对公司破产管理人的聘用及工作有提议和监督的权利。所谓破产管理人，是指破产案件中在法院的指挥和监督之下全面接管破产企业的财产并负责对其进行保管、清理、估价、处理和分配的专门机构。此外，债权人对进入破产程序的企业的经营活动、重组计划和财产的变价方案都具有实际话语权。在这些情况下，公司会计信息质量失真的现象将会受到严格控制，会计信息将趋于真实地反映公司的实际情况。

2. 其他形式的债权人

广义来看，公司的债权人除为公司提供现金融资的商业银行和公司债券的持有人外，以赊购方式为公司提供产品或服务的供应商、提前支付定金的客户以及公司员工也都属于公司的债权人。虽然供应商和客户对公司的实际经营难以进行干预或影响，但公司员工作为公司内部人士对公司却可以起到实质性的影响。公司员工将

---

① Tian, L. and Estrin, S., "Debt Financing, Soft Budget Constraints, and Government Ownership: Evidence from China", *Economics of Transition*, Vol. 15, No. 3, 2007, pp. 461 – 481.

自身拥有的人力资本和专业技能投资于所工作的公司可以被看作公司的账外债务或无形债务。[1] 此外，当公司拖欠员工工资和福利时也会形式实际的债务。作为公司内部人士，员工会对公司的各项经济活动提出各类型的意见和主张，从而有可能影响管理层的决策，甚至管理层的人事变动。公司员工的该项动机在公司陷入经营困难并拖欠员工工资和福利时会表现得尤其强烈，除公司在职员工外。

政府部门也是公司潜在的债权人之一。公司在经营过程中依法纳税是公司必要承担的一项义务。如公司存在拖欠税款时，政府部门便成为公司的另一类债权人。由于政府部门具备行政执法权利和对行业进行整合的能力，其有能力对拖欠税款的公司进行干预，包括推动和促成公司的重组。综上所述，公司的债权人虽然不是公司的实际所有人，但是，其依然可以具有参与公司治理的动机和能力。如要致力于整体提升我国境内公司的综合治理水平，债权人的参与也是必不可少的。

三　会计师事务所

（一）外部审计

1. 外部审计的职能

外部审计是上市公司会计信息质量的重要治理机制。上市公司的外部审计工作主要由其聘用的会计师事务所承担。《公司法》第一百六十九条规定："公司聘用、解聘承办公司审计业务的会计师事务所，依照公司章程的规定，由股东会、股东大会或者董事会决定。"但是，由证监会颁布的《上市公司章程指引》第一百五十九条规定："公司聘用会计师事务所必须由股东大会决定，董事会不得在股东大会决定前委任会计师事务所。"因此，我国沪、深A股上市公司的会计师事务所聘任权归属于股东大会。然而，《上市公司章程指引》进一步规定，上市公司董事会可向股东大会提请聘请或更换为公司审计的会计师事务所。这也赋予了董事会在选聘会计

---

[1] 何俊亮：《债权人与公司治理》，《证券市场导报》2001年第7期。

师事务所方面一定的权力。会计师事务所旗下的注册会计师在完成审计工作后，对于所鉴定的上市公司的财务报表是否符合鉴定标准会发表相应的审计意见。注册会计师出具的审计意见不仅直接反映了公司的会计信息质量，也会对上市公司的经营策略和投资者的投资决策产生重要影响。判断注册会计师是否尽职的主要标准在于其出具的审计意见是否真实地反映了上市公司的会计信息质量。

外部审计的核心目的是提高公司的会计信息质量。在上市公司中有一个非常常见并且对会计信息质量会产生显著影响的行为：盈余管理。所谓盈余管理，是指上市公司的管理当局运用会计手段或安排交易来控制或调整会计收益信息的行为，这种行为会误导利益相关者对公司财务业绩的理解，并且影响以会计信息为基础的合约制定。因此，盈余管理成为降低公司会计信息质量或造成会计信息失真的主要原因之一。[1] 在现代公司治理结构中，由于委托人与代理人之间的契约造成所有权与控制权分离，公司管理层对于公司会计信息的披露具有最直接的影响力。公司管理当局作为盈余管理的主体，可以利用所掌握的公司信息，选择适当的会计方法及控制交易事项发生的时点等行为来达到操作公司财务业绩的目的。[2] 因而外部审计就成为股东所依赖的审查和提高公司会计信息质量的核心手段之一。以我国国有上市公司为研究样本，孙铮和于旭辉（2007）[3] 也发现，高质量的外部审计主要源于大股东有效监督管理层的需求。

2. 我国审计市场

我国目前上市公司审计市场的集中度与欧美发达国家市场相比较为分散。这种分散体现在与上市公司聘请的会计师事务所并没有

---

[1] Healy, P. M. and Wahlen, J. M., "A Review of the Earnings Management Literature and Its Implications for Standard Setting", *Accounting Horizons*, Vol. 13, 1999, pp. 365 – 383.

[2] 魏明海：《盈余管理基本理论及其研究评述》，《会计研究》2000 年第 9 期。

[3] 孙铮、于旭辉：《分权与会计师事务所选择——来自我国国有上市公司的经验证据》，《审计研究》2007 年第 6 期。

大量集中于少数几个大型事务所。国务院2009年10月发布了《加快发展我国注册会计师行业若干意见》（以下简称《意见》），旨在扶持本土会计师事务所并做大做强使其具备与国际四大会计师事务所[①]竞争的能力。自《意见》发布后，我国上市公司审计市场中本土会计师事务所的市场份额略有上升，并且被重点扶持的大型会计师事务所的市场份额上升较快。经过一系列事务所的并购后，大型的本土会计师事务所主要是指立信会计师事务所、天健会计师事务所、大华会计师事务所、信永中和会计师事务所、国富浩华会计师事务所、中瑞岳华会计师事务所、大信会计师事务所、天职国际会计师事务所。

根据2009年《意见》发布前后三年的数据对比（见表1-4），国际四大会计师事务所的市场份额略有下降，而本土八大会计师事务所的份额上升比较明显。从表1-4中还可以看到，我国上市公司的审计市场较为分散，没有出现少数几个会计师事务所可以占据绝大多数市场份额的现象。这种分散的市场结构也使我国上市公司审计市场竞争尤其激烈，而这种激烈的竞争也在一定程度上对会计师事务所出具的审计意见造成了影响。

表1-4　　　　　　　　　　我国审计市场情况

时间	事务所类型	样本	市场份额（%）	审计费用样本	以审计费用计算的市场份额（%）
2006—2009年	国际四大	436	6.95	273	29.11
	本土八大	2373	37.82	1965	32.08
	其他	3463	55.21	2895	37.95
	总共	6272		5133	

---

① 国际四大会计师事务所为安永、毕马威、德勒清和普华永道。经财政部批准，这四家境外会计师事务所与境内会计师事务所在中国境内合作设立的会计师事务所分别为安永华明会计师事务所、毕马威华振会计师事务所、德勤华永会计师事务所和普华永道中天会计师事务所。

续表

时间	事务所类型	样本	市场份额（%）	审计费用样本	以审计费用计算的市场份额（%）
2010—2013年	国际四大	581	6.16	451	25.76
	本土八大	4779	50.70	4446	43.42
	其他	4068	43.16	3728	30.66
	总共	9428		8625	

注：表中报告的是2006—2013年会计师事务所的沪深A股上市公司的外部审计市场份额的统计信息。

资料来源：国泰安数据服务中心。

（二）审计意见

1. 审计意见类型

会计师事务所出具的审计意见有五种情况，分别是标准的无保留意见、带强调事项段的无保留意见、保留意见、否定意见、无法表示意见和如果会计师事务所出具标准的无保留意见，那么，表示其委派的审计师认为被上市公司编制的财务报表已按照适用的会计准则的规定编制并在所有重大方面公允地反映了被审计者的财务状况、经营成果和现金流量。如果会计师事务所出具其他几类意见，那么，都表示审计师对上市公司编制的财务报表存在不同程度的质疑。

由于市场竞争激烈，而上市公司作为会计师事务所客户中分量最重、带来利润最高的客户类型往往会获得事务所的格外重视。上市公司作为重要大客户，不仅为会计师事务所带来可观收益，也有助于会计师事务所提升自身的社会知名度和行业内声誉。为了争取更多的客户，过去十几年我国的审计机构压价等恶性竞争行为屡见不鲜。[①] 如果会计师事务所一旦出具非标准的无保留意见，那么其

---

① 中国注册会计师协会2012年第1期《2012年年报审计情况快报》中就指出，要重点监控审计机构的不正当低价竞争行为，对监管过程中发现的未严格遵循执业准则和职业道德守则的事务所和注册会计师，中国注册会计师协会将在执业质量检查中予以重点关注。详情见http://www.cicpa.org.cn/topnews/201301/t20130129_40160.html。

被上市公司解聘的概率会显著提升。① 这种现象也被称为上市公司的"审计意见购买"。因此，为了保住上市公司客户不流失，会计师事务所在出具审计报告及意见时会存在对上市公司财务报表编制中不规范的行为视而不见的情况。从表1-5中可以看到，2015年，会计师事务所对2842家上市公司财务报表出具的审计报告中，审计报告2738份，带强调事项段的无保留意见审计报告82份，保留意见审计报告16份，无法表示意见的审计报告6份。2015年会计师事务所针对上市公司的财务报告共出具非标准审计意见104份，仅占全部审计意见的约3.66%，相比于2014年的98份略多一点。②

2. 审计意见的真实性

从实质研究角度出发，学者关于会计师事务所是否会如实报告上市公司的会计信息质量也有不同结论。以上市公司财务报表中常见的盈余管理现象举例，部分学者认为，会计师事务所对于盈余管理水平高的上市公司更可能出具非标准无保留意见。③ 也有学者认为，上市公司的盈余管理水平与会计师给出非标准无保留意见之间并无显著关系。④ 当然，盈余管理是上市公司高层管理者在会计准则允许的范围内通过采用不同的会计信息报告方式来达到调整公司盈余的行为，这些行为并非不合法。而财务舞弊则较盈余管理而言对股东权益的危害更大，且属于不受监管机构所允许的行为。由于会计师事务所具有完整审查上市公司财务报表的权力，如果把会计师事务所认为是一种有效的治理机制的话，那么在会计师事务所尽职的情况下，其应该能显著降低上市公司从事财务舞弊行为的

---

① 李东平、黄德华、王振林：《"不清洁"审计意见、盈余管理与会计师事务所变更》，《会计研究》2001年第6期。

吴联生、谭力：《审计师变更决策与审计意见改善》，《审计研究》2007年第2期。

② 《2015年年报审计情况快报》，中国注册会计师协会，2016年5月17日。

③ Chen, C. J., Chen, S. and Su, X., "Profitability Regulation, Earnings Management, and Modified Audit Opinions: Evidence from China", *Auditing: A Journal of Practice & Theory*, Vol. 20, 2001, pp. 9-30.

④ 薄仙慧、吴联生：《盈余管理、信息风险与审计意见》，《审计研究》2011年第1期。

概率。

然而从实证研究的角度进行检验,部分文献的结果是会计师事务所(包括市占率和业内声誉较高的国际四大和本土大会计师事务所)对上市公司财务舞弊行为并没有实质性影响。[①] 此外,还有文献发现国际四大会计师事务所会委派资历较浅、审计经验并不是很丰富的注册会计师给仅在沪深 A 股市场上市的公司,而对于同时在中国香港上市的公司(即 AH 股公司)却委派经验更丰富的注册会计师。这说明国际四大会计师事务所对于监管较弱和市场化背景较差本土 A 股上市公司提供的审计服务质量并不是很高。[②]

表 1-5　　2015 年 A 股上市公司外部审计意见情况

财务报表审计意见类型	沪市主板	深市主板	中小板	创业板	合计
(标准)无保留意见	1033	451	766	488	2738
带强调事项段的无保留意见	47	19	11	5	82
保留意见	4	5	5	2	16
否定意见	0	0	0	0	0
无法表示意见	1	3	0	2	6
非标准审计意见小计	52	27	16	9	104
合计	1137	505	789	506	2946
非标准审计意见比例(%)	4.57	5.35	2.00	1.78	3.53

注:表中报告的是 2015 年沪深 A 股上市公司被出具的审计报告意见的统计信息。
资料来源:《2015 年年报审计情况快报》,中国注册会计师协会,2016 年 5 月 17 日。

---

① (1) Chen, G., Firth, M., Gao, D. N. and Rui, O. M., "Ownership Structure, Corporate Governance, and Fraud: Evidence from China", *Journal of Corporate Finance*, Vol. 12, No. 3, 2006, pp. 424-448.
(2) Aggarwal, R., Hu, M. and Yang, J., "Fraud, Market Reaction, and the Role of Institutional Investors in Chinese Listed Firms", *The Journal of Portfolio Management*, Vol. 41, No. 5, 2014, pp. 92-109.
② Ke, B., Lennox, C. S. and Xin, Q., "The Effect of China's Weak Institutional Environment on the Quality of Big Four Audits", *Accounting Review*, Vol. 90, No. 4, 2015.

3. 审计意见的影响因素

由于我国当前法律制度规定上市公司的会计师事务所的委任权属于股东大会，当公司股权集中度高时，控股股东或大股东在股东大会上可以根据自己的意愿来决定会计师事务所的委任。考虑到股东对高质量审计的需求，当公司的股权集中时，会计师事务所及旗下注册会计师应该会尽职尽责。此外，因为只有他们的尽职满足了控股股东或大股东对管理层监督的需求，该行为才会有效帮助他们继续获得上市公司的聘任。上市公司的"审计意见购买"行为在此种情况下有可能会受到抑制。因此，在股权集中度高的上市公司中，公司的盈余管理水平越高，注册会计师给出非标准无保留审计意见的概率有可能会越高，而注册会计师给出非标准无保留审计意见导致其所属的会计师事务所被上市公司替换的概率则有可能会越低。

由于缺乏有效的投资者保护机制和公司控制权市场（或接管市场），我国上市公司的委托—代理问题尤其严重。[①] 此外，我国引入管理层激励机制时间较晚[②]，采用股权激励机制的上市公司数量也较少，也是导致我国上市公司的委托—代理问题较为严重的主要因素之一。[③] 当公司处于内部人控制时，内部人有很大的自主裁量权，并且会从自己的利益角度出发决定公司具体事务。[④] 还有学者认为，我国上市公司的管理层会在审计报告公布前尝试与注册会计师进行沟通，以此来避免注册会计师给出不利于公司的"不清洁"审计意

---

① Kato, T. and Long, C., "Executive Turnover and Firm Performance in China", *The American Economic Review*, Vol. 96, 2006, pp. 363–367.

② 自2006年1月证监会颁布《上市公司股权激励管理办法（试行）》，才标志着我国正式针对上市公司引入股权激励机制。

③ 吕长江、张海平：《股权激励计划对公司投资行为的影响》，《管理世界》2011年第11期。

④ Chen, J. J., Liu, X. and Li, W., "The Effect of Insider Control and Global Benchmarks on Chinese Executive Compensation", *Corporate Governance: An International Review*, Vol. 18, 2010, pp. 107–123.

见；这种沟通行为一旦有效，会计师将不会出具非标准审计意见。[1]此外，当公司存在较为严重的内部人控制的情况下，股东大会流于形式的概率较高，此时会计师事务所的聘任更可能由内部管理层决定。[2]当上市公司的股权集中度低时，公司由内部人控制的概率较高，为了避免被上市公司解聘，注册会计师更可能忽视公司管理层的盈余管理行为，并不以此为由给出非标准审计意见。更进一步地，当公司股权集中度低时，如果注册会计师选择出具"不清洁"的审计意见，其所属的会计师事务所被上市公司解聘的概率则较高。

综上所述，我国注册会计师业务竞争异常激烈，上市公司作为会计师事务所的重要大客户，不仅为会计师事务所带来可观收益，也有助于会计师事务所提升自身知名度和声誉。为了争取更多的客户，过去十几年间，我国的审计机构压价等恶性竞争行为屡见不鲜。[3]在这种背景下，为了确保上市公司大客户不流失，会计师事务所以公司实际控制人的需求为出发点而选择性出具审计意见的行为就不难理解了。而他们这样的行为，也可以有效帮助他们保障未来的审计合约。然而，上市公司财务报告审计中的"炒鱿鱼，接下家"的现象在一定程度上会受到公司股权集中度的影响。因此，在我国正在深化的国有企业股份制改革中，国资委及相关监管部门应该密切关注股份制改革是否会影响国有企业的外部审计质量，以及该影响是否会降低国有企业的会计信息质量。

四 控制权市场

（一）什么是控制权市场

公司控制权市场，又称接管市场（Takeover Market），是指一家

---

[1] 薄仙慧、吴联生：《盈余管理、信息风险与审计意见》，《审计研究》2011年第1期。

[2] 李东平、黄德华、王振林：《"不清洁"审计意见、盈余管理与会计师事务所变更》，《会计研究》2001年第6期。

[3] 中国注册会计师协会2012年第1期《审计情况快报》中就指出，要重点监控审计机构的不正当低价竞争行为，对监管过程中发现的未严格遵循执业准则和职业道德守则的事务所和注册会计师，中国注册会计师协会将在执业质量检查中予以重点关注。详情见中注协发布《2012年年报审计情况快报》，中国注册会计师协会，2013年1月28日。

公司通过收集股权的方式取得对其他公司的控制权，从而达到接管和更换后者的管理层的目的。良好的控制权市场对于市场资源的有效配置是必不可少的条件之一。公司获得其他公司的控制权主要是通过并购行为来完成的。并购包括兼并与收购。兼并是指两家或多家公司合并成为一家公司，通常情况下，一家规模较大和各方面占优的公司为兼并后的主导企业。而收购则是一家公司用现金或有价证券（通常是股票）为支付对价来购买另一家公司的股票或资产，以获得被收购公司全部或部分资产的所有权。自 1993 年我国证券市场上第一起上市公司收购案——深圳宝安收购延中以来，上市公司的并购越发频繁。尤其是在 2005 年股权分置改革之后，由于原本不可在二级市场进行流通的非流通股开始逐渐获得流通权，我国上市公司之间的并购变得越来越活跃。近年来，每年都有数百起各种规模的上市公司并购事件。并购的成功与否不仅会显著影响上市公司的经营业绩和股票价值，而且也会在较大程度上影响上市公司的治理。

我国企业的并购重组，尤其是上市公司的并购重组在最近几年持续出现"井喷"现象。以 2014 年和 2015 年为例，证监会在 2015 年共召开了 113 次并购重组委会议，共审核 339 单重组，其中，194 单无条件通过，占 57.22%；123 单有条件通过，占 36.28%；22 单未通过，占 6.49%；而 2014 年证监会则进行了 78 次会议，审核了 194 单重组，2015 年数量较 2014 年猛增约 70%。根据上市公司发布的公告信息统计，2015 年上市公司公告了 1444 次并购重组事项，有数据披露的并购事件共涉及交易金额 15766.49 亿元，平均每单交易金额 20.14 亿元人民币；而 2014 年全年公告了 475 项重组事件，披露交易金额 2306.29 亿元，平均每单 10.63 亿元人民币。从统计数据来看，2015 年无论并购重组事件的绝对数量、绝对金额还是平均单个事件涉及的交易金额都有突飞猛进的增长，分别是 2014 年的 3 倍、6.8 倍和近 2 倍。从并购重组的方式来看，在 2015 年公告的并购重组案件中的 518 件案例（占全年交易总量的 35.9%）采用了发行股份购买资产的方式进行并购重组,涉及交易金额 9244.93 亿元,平均每件标的交易均价 19.34 亿元。其他并购则多以增资、资产转换,或者以上述几种方式混合进行。①

(二) 控制权市场的治理效应

1. 对管理层的督促与惩戒

控制权市场,或者说公司的并购市场对上市公司治理的影响主要体现在公司管理层的结构变动与完善。在本书章节的第一部分"内部治理"中曾提到,公司的内部治理机制对于经营管理不善的管理层人员有相应的治理作用。但这种内部治理机制如果失效,也就是股东或董事会并没有对表现不佳的总经理、董事或其他高层管理者进行有效替代时,或者无法聘任能改善公司经营业绩的董事或高层管理者时,外部治理机制则可以对此情况进行有效的改善。当公司经营不佳时,公司的股票价格会受到一定程度的影响,这会使公司在控制权市场上处于相对弱势的地位。而这种状况一旦导致公司成为并购中的被并购方,则公司的管理层有较大概率被并购公司替换。因此,良好的控制权市场不仅会激励管理层专注于提升公司业绩和股票价格,而且可以通过并购来达到对乏善可陈的公司原管理层进行更替的目的,从而实现对公司内部治理结构的改善。故控制权市场的该功能可以总结为对管理层的惩戒,通过替换导致公司业绩不佳的在职管理层人员来实现公司业绩和内部治理结构改善的目的。

2016 年 3 月 30 日,中国台湾鸿海集团宣布以约合 224.7 亿元人民币的价格收购日本夏普公司 66% 的股权。② 在收购之前,夏普公司的家电业务一直处于不断衰弱的状况,夏普 2014 财年亏损超过 2000 亿日元③,中国台湾鸿海集团的最终收购价格也较夏普公司在

---

① 《井喷 2015 年:中国上市公司并购重组报告》,搜狐财经,2016 年 1 月 7 日。
② 周玲:《成交!鸿海砍价 57 亿 终以 224 亿收购夏普 66% 股份》,澎湃新闻,2016 年 3 月 30 日。
③ 周玲、张春楠:《鸿海接盘夏普 裁员七千,郭台铭:日本人重返管理层 最快得 6 年》,澎湃新闻,2016 年 6 月 23 日。

同年 2 月的公告中价格低了近 25%。之后不久，鸿海集团便对夏普公司的管理层进行了较大规模的调整。① 当然，要充分发挥控制权市场对公司经理人的惩戒功能还必须要有一个相对完善的经理人市场予以配合。完善的经理人市场需要具备充分的开放性、竞争性和公平性。然而，我国目前的经理人市场尚不完全具备这些功能。在国有控股上市公司中，大量的经理人都具有公务员身份，这种身份约束了这些经理人的流动性和竞争性，也限制了这些职位的开放性。具有丰富经验和扎实专业技能的职业经理人缺乏参与这些职位的有效途径，在大多数情况下，即使出现人员更迭也只是在公务员内部进行选拔和聘用。再者，由于国有控股上市公司的股权集中度高而在市场上流通的股票数量占比较低，民营企业通过二级市场收购股份难以获得这些国有企业的控制权，这进一步加大了经营不善的国有控股上市公司的管理层被有效惩戒的难度，并制约了控制权市场发挥对公司进行外部治理的功能。

2. 负面效应

当然，并购公司在完成并购后对被并购公司的管理层进行更换是一把"双刃剑"，处理得当时能对两家公司资源进行良好的整合，如果处理不当，也会造成完全相反的作用，导致公司因管理层动荡或有效的管理团队被替换而出现经营绩效下降的结果。2011 年 11 月中国平安发布消息称平安信托旗下上海平浦投资有限公司最终成功获得上海家化集团 100% 股权，从而成为上海家化（沪市主板上市公司，沪市代码 600315）新控股股东。随后，中国平安开始对上海家化的管理层进行改组，2013 年 9 月原上海家化的董事长葛文耀离职②，2015 年 10 月原上海家化总经理王茁因与上海家化的劳动纠纷等原因也不再担任总经理职务。到此时，中国平安已基本完全掌控了上海家化的管理层。然而，上海家化发布的 2015 年年报显示，

---

① 建宇：《鸿海收购夏普后管理层调整　SDP 会长重返夏普》，新浪科技新闻，2016 年 4 月 5 日。

② 付建利：《葛文耀辞职：资本不相信眼泪》，《证券时报》2013 年 9 月 24 日。

2015年上海家化实现营业收入58.46亿元，同比增长9.58%，六年来第一次营收增速低于两位数。2015年上海家化扣除非经常性损益的净利润为8.18亿元，同比下降6.38%，为扣除非净利润十年来的首次下滑。除此之外，2015年上海家化的库存一直居高不下，且主营业务的毛利润率也出现下滑现象。①

在"宝万之争"中，宝能系曾在2016年6月26日向万科发函《关于提请万科企业股份有限公司董事会召开2016年第二次临时股东大会的通知》，该通知中就有涉及要求罢免万科时任绝大多数的董事和监事人员。② 万科作为中国本土房地产行业的领军企业，其过去多年的公司经营业绩、销售收入增长、公司治理结构都在本土企业中具有标兵地位。宝能系在通过二级市场收购万科股份成为万科第一大股东后，便急于更换万科主要的高层管理人员，这对万科自身的经营及其他中小投资者利益是否有利值得商榷。综上所述，控制权市场作为主要的公司外部治理机制之一，具有对公司管理层进行惩戒的效用，这种惩戒效用能在一定程度上激励公司现任管理层更专注于提供公司业绩和扩大股东价值。但控制权市场也是一把"双刃剑"，并购公司在考虑替换被并购公司的管理层时需保持谨慎的态度，如处理不当则有可能产生截然相反的作用。

五 政府监督

（一）监管机构和相关法规

在我国对证券市场和上市公司的主要监管机构是国务院下设的中国证券监督管理委员会（以下简称"证监会"）。除证监会外，上海证券交易所和深圳证券交易所也会对在其股权交易市场进行股票交易的上市公司进行其职权范围内的监督，包括对上市公司的信息披露、关联交易、公司内部人（包括股东、董事、监事和其他高层

---

① 陈姿羊：《上海家化新成绩不及格　平安系兑现诺言需并购》，网易新闻，2016年4月22日。

② 牛思远：《宝能突发"大招"　提议罢免王石等万科管理层》，《南方日报》2016年6月27日。

管理者）的股票交易等行为的监管。我国也出台了一些相关法律法规对上市公司各项行为进行约束，包括前文中提到的《中华人民共和国公司法》《中华人民共和国证券法》《上市公司治理准则》《上市公司章程指引》等。这些监管机构和司法体系共同组成了政府和证交所层面对上市公司的外部治理机制。

总体来看，我国针对上市公司及其股东、高层管理者的监督不可谓不严格。然而，却依然有各种声音质疑我国的司法体系和监管机制对上市公司的外部治理效果，认为这些机制难以使投资者的权益得到可靠的保障。[①] 虽然各项监管体系已经较为健全，但相应的法律法规的执行力度却是影响其外部治理效应的主要问题。我国《公司法》第一百四十九条规定："董事、其他高级管理人员不得有下列行为：（一）挪用公司资金；（二）将公司资金以其个人名义或者以其他个人名义开立账户存储；（三）违反公司章程的规定，未经股东会、股东大会或者董事会同意，将公司资金借贷给他人或者以公司财产为他人提供担保；（四）违反公司章程的规定或者未经股东会、股东大会同意，与本公司订立合同或者进行交易；（五）未经股东会或者股东大会同意，利用职务便利为自己或者他人谋取属于公司的商业机会，自营或者为他人经营与所任职公司同类的业务；（六）接受他人与公司交易的佣金归为己有；（七）擅自披露公司秘密；（八）违反对公司忠诚义务的其他行为。"《公司法》第一百五十三条规定，股东可以向人民法院就董事、高级管理人员违反法律、行政法规或者公司章程的规定及损害股东利益的行为提起诉讼。《证券法》也对公司在信息披露及其他民事行为方面设立了相应的惩戒条款，并且第四十七条规定，允许投资者以自己的名义对违反规定交易公司股票的董事、监事和其他高层管理者提起诉讼。

---

① Bai, C., Liu, Q., Lu, J., Song, F. and Zhang, J., "Corporate Governance and Market Valuation in China", *Journal of Comparative Economic*, Vol. 32, 2004, pp. 599–616.
Yang, J., Chi, J. and Young, M., "A Review of Corporate Governance in China", *Asian-Pacific Economic Literature*, Vol. 25, 2011, pp. 15–28.

(二) 实施情况

1. 缺乏独立性

在相对完善的司法和监管体系下，目前，我国仍有较大欠缺的方面是司法的执行力度和司法的独立性。[①] 我国股票市场只有短短20余年的历史，而在市场成立初期其主要的职能是为帮助经营不善的国有企业融资脱困。[②] 因此，中华人民共和国最高人民法院（以下简称最高院）一直对针对上市公司的司法诉讼持有非常谨慎的态度。[③] 2001年9月21日，最高院发布了《最高人民法院关于涉证券民事赔偿案件暂不予受理的通知》，该通知的主要内容是：因为立法及司法条件的局限性，最高院要求地方法院暂不予受理资本市场中出现了的如内幕交易、欺诈、操纵市场等行为引起的民事赔偿案件。之后不久，由于此通知在司法界、学术界和证券市场投资者中引起了强烈的质疑，最高院在2002年1月15日发布了《关于受理证券市场因虚假陈述引发的民事侵权纠纷案件有关问题的通知》，允许地方法院受理因上市公司信息披露虚假引发的民事侵权赔偿纠纷案件。其后最高院又于2002年12月26日发布了《关于审理证券市场因虚假陈述引发的民事赔偿案件的若干规定》，对地方法院受理此类案件的细节予以说明。直到2013年4月8日，最高院才正式废止了其在2001年9月21日发布的禁止地方法院受理证券民事赔偿案件的通知。[④]

最高院对于证券民事赔偿案件的谨慎也使中小股民难以通过司法途径来维护自身权利。关于中小股东起诉上市公司并成功获得赔

[①] Allen, F., Qian, J. and Qian, M., "Law, Finance, and Economic Growth in China", *Journal of Financial Economics*, Vol. 77, 2005, pp. 57–116.

[②] Chen, Z., "Capital Markets and Legal Development: The China Case", *China Economic Review*, Vol. 14, 2003, pp. 451–472.

[③] Yang, J., Chi, J. and Young, M., "A Review of Corporate Governance in China", *Asian-Pacific Economic Literature*, Vol. 25, 2011, pp. 15–28.

[④] 最高人民法院：《最高人民法院关于废止部分司法解释和司法解释性质文件（第十一批）的决定》，《人民法院报》2015年1月19日第3版。

偿的案件虽然在近几年逐渐浮现，但总体数量依旧凤毛麟角。华鑫股份（沪市主板上市公司，沪市代码600621）2013年9月3日发布公告称原大股东仪电集团因未依法披露持股情况被证监会给予警告并处30万元罚款。在处罚决定发布后，全国各地陆续有股民以证券虚假陈述为由起诉仪电集团索赔。2015年8月，上海市第一中级人民法院认定仪电集团构成证券虚假陈述，判决其赔偿某小股东投资差额、佣金、税金等损失622475.46元及相应利息损失，并承担全部诉讼费。[①]

2. 行政干预

监管机构和司法制度对上市公司的外部治理作用还受到政府与上市公司之间关联关系的抑制。前文提到，目前我国上市公司中国有控股上市公司仍然占有很大比例。部分中央企业的负责人甚至具有部级或副部级的行政级别，这增加了证监会对这些中央企业的监管难度。此外，部分地方国有企业因为帮助政府承担了社会责任（包括就业率、社会福利、地方基础设施建设等）而获得了地方政府各种类型的保护。这些情况也加大了地方政府控股的上市公司的高层管理者出现不端行为时被监管机构查处和被中小投资者提起诉讼的难度。

综上所述，监管机构和司法制度要完全发挥其对上市公司的外部治理效用不仅需要有明确的监管和相继的法律，还需要尽可能地保障司法体系的独立性以及减少政府作为利益相关方在证券市场的参与程度。简单地说，就是要做到有法必依。只有保障法律法规的执行力度，监管效力才能得以显现。

六 上市公司分析师

（一）分析师简介

上市公司分析师是指券商、基金、信托等机构投资者的研究员。

[①] 余以墨：《浙江女股民获赔62万 华鑫股份证券索赔倒计时》，《投资快报》2015年8月5日。

这些人员就职于上市公司之外的金融机构，他们的主要工作是对上市公司的财务信息、治理结构和经营状况进行分析，并为其就职的金融机构提供分析报告。分析师往往会紧密追踪少数几家上市公司，通过实地调研和公开信息对上市公司开展全面细致的分析，并对公司未来的业绩做出预测。部分分析师的预测是公开的，市场上其他的个人、机构投资者和媒体都可以获得相关信息；而其他一些分析师的报告则主要服务于机构投资者，作为机构投资决策的依据。

由于分析师长期跟踪上市公司并详细分析公司各方面的信息，而且大部分分析师都具有较高学历和很强的专业素养，从理论上说，其对上市公司应该具有一定的监督作用。根据《新财富》发布的《2015中国证券研究行业报告：新一代分析师正在崛起》[1]，在2015年接受调研的我国上市公司分析师的平均年龄仅为32岁，其中，78%的分析师的最高学历为硕士，19%的分析师拥有博士学历。分析师毕业院校排名前五位的分别为复旦大学、北京大学、上海交通大学、上海财经大学和清华大学。另外，还有15.75%的分析师具有海外留学经历。可见，该行业从业人员都具有良好的教育背景，他们的专业素养也普遍较高。此外，根据中国证券业协会发布的信息，2015年11月23日，全国具有证券投资咨询资格的分析师共2278人，总人数较2014年2月下降了约20%[2]，说明该行业的竞争性和淘汰性非常之高。

（二）我国分析师行业的不足

从实证研究角度进行分析，国外有学者发现，证券分析师能显著降低上市公司与外部投资者之间的信息不对称；并且分析师的人

---

[1] 潘凌飞：《2015中国证券研究行业报告：新一代分析师正在崛起》，《华尔街见闻》2015年11月28日。
[2] 同上。

数越多，被分析的上市公司的盈余管理水平越低。[1] 然而，我国的情况却并不尽然。首先，有大量媒体报道，我国上市公司分析师做出的预测准确度较低。美国彭博新闻社2016年5月3日发表《在意外暴跌中中国的股市分析师是世界最差的》一文，并阐述与世界前20大股市从事研究股票的其他股市的分析师相比，中国分析师的预测相当离谱。[2] 类似于上市公司对分析师的预测进行反驳或分析师预测不准确的媒体报道也屡见不鲜。

此外，从实证研究的角度出发，有文献认为，中国上市公司的分析师基本对上市公司没有治理效用，这种现象表现在分析师的数量与上市公司发生财务舞弊的行为概率之间无显著关系。[3] 就我国目前证券市场情况来看，分析师往往不愿意发布对上市公司不利的评级或报告。一是分析师需要的数据和信息大量来自上市公司，而我国上市公司的信息披露经常存在披露不完全和质量不高的现象，导致分析师必须与公司的核心管理层（包括总经理、董事、董事会秘书等）保持良好关系以维持信息来源的渠道。二是因为我国目前对于个股的做空机制比较有限[4]，市场对于分析师提供的"买入"信息的需求要远大于"卖出"信息的需求。这些因素都会影响分析师的调研和发布的报告，降低了他们发布对上市公司及市场负面的报告的意愿。

从上述情况可见，我国上市公司分析师行业虽然近年来发展迅猛，并且从业人员都具有高学历和经过良好的学术培养，但整体上依然存在预测结果偏差较大和对上市公司缺乏有效治理效用的现象，这或许是由于该行业尚处于起步阶段，大部分从业人员较为年

---

[1] Yu, F. F., "Analyst Coverage and Earnings Management", *Journal of Financial Economics*, Vol. 88, 2008, pp. 245 – 271.

[2] 《在意外暴跌中中国的股市分析师是世界最差的》，彭博社，2016年5月3日。

[3] Hu, M. and Yang, J., "Can Financial Analysts reduce the Incidence of Fraud? Evidence from China", *Applied Economics Letters*, Vol. 21, No. 9, 2015, pp. 605 – 608.

[4] 我国目前没有个股期货交易机制，需做空个股只能通过融券方式进行。而融券会受到很多限制，包括股票的种类和数量等。

轻和缺乏经验。

此外，上市公司信息披露的质量和完整性，以及市场交易机制不完善等现象也是制约分析师行业发展的重要因素。因此，市场和投资者对他们应该给予多一些耐心，随着股票市场整体结构不断完善，假以时日他们应该能具备对上市公司进行监督的能力并发挥出相应的外部治理效应。

本章小结

本章讲述了公司内部治理机制和外部治理机制的构成以及它们在缓解委托—代理冲突和提升公司绩效方面的作用。内部治理机制包括股权结构、监事与独立董事、董事的选聘及董事会的构成、董事长和总经理两职的设立、董事会的多样性、高层管理者薪酬和内部审计等；外部治理机制则包括债权人、公司外部审计、控制权市场、监管机构、跟踪上市公司的证券分析师等。在上市公司的治理中，每一项治理机制都是必不可少的，它们相辅相成共同铸造了保护股东权利和债权人利益以及令公司良好运行和发展的坚实后盾。任何一项治理机制失效都会不同程度地扩大委托—代理冲突和造成公司绩效降低。总体来说，在监管和立法机构的不懈努力下，我国A股市场在内外部治理方面的各项制度，包括内部治理机制的设立和外部治理机制的构成都已经较为完整。然而，制度的设立并不困难，困难之处在于机制的实施是否不受干预、执法的力度是否有所保障。从本章引用的多个我国上市公司在治理方面的实例可以看到，很多情况下，我国上市公司的治理效果不尽如人意。这些问题部分是由于我国目前司法和监管体系的独立性有所欠缺所致，部分是由于市场参与者和上市公司的管理层在参与证券市场交易方面经验不成熟所致。

我国股票交易市场从成立至今才仅仅20余年的时间，市场仍处于发展阶段。大部分上市公司的年龄较轻，上市时间也非常短。监管者、上市公司和其他市场参与者都处于对新生事物不断学习和摸索的过程中。公司治理机制是西方的"舶来品"，独立董事、股权激励等机制更是从2000年后才被逐渐引入上市公司中。要充分发挥这些治理机制的效果，仅仅靠推行和设立是不够的，还要在相应的配套设施方面对这些机制予以支持。

另外，政府作为监管机构应尽量保持中立，减少在市场中的参与程度和降低对市场的直接干预，为公司股东、高层管理者和投资者提供完善的法规和良好的申诉渠道，并保障监督机制和司法体系的实施效果。此外，政府还应在风险警示方面履行责任，引导投资者进行理性投资。在沪港通开通伊始，香港特区政府便在多个媒体上针对投资A股市场的风险和其他注意事项为香港特区投资者提出警示和建议，而中央政府和其他下设监管机构在此方面的责任履行尚有不足。

第二章 首次公开发行股票

第一节 首次公开发行股票

一 一级市场与二级市场

首次公开发行股票（Initial Public Offerings，IPO）是股份有限公司公开募集资金的行为，也是其第一次向社会公众出售它的股份。IPO通常没有特定的发行对象，而是以向广大投资者分开摊销的方式发行。首次公开发行的市场称为一级市场，因而一级市场也称为发行市场。在一级市场发行后的股票进行流通的市场则称为二级市场，二级市场的主要目的是为股票提供流动性以及后续的价格发现机制。一级市场发行股票的数量决定了二级市场上股票的流通规模和速度，而二级市场中股票的供需状况和价格水平也会显著影响一级市场的股票发行。因此，两个市场之间是一种互相依存和互相制约的关系。股份有限公司通过IPO公开募集资金，所发行的股票可以在股票市场流通。公司股份在二级市场的交易能令公司股票价格获得市场化的估值，大多数情况下，可以为公司和股东的价值带来显著的提升。此外，获得"上市公司"的名头会为公司带来良好的声誉，从而在未来的经营、融资和吸引人才方面获得非上市公司难以比拟的优势。

二 注册制与核准制

（一）发行方式

拟进行IPO的股份有限公司需要符合相关法律和行政法规的要

求，并经过证券监管部门的审核批准才可以进行。我国在此方面的监管机构是中国证券监督管理委员会（以下简称"证监会"）。从监管机构对 IPO 的批准方式来看，可以分为核准制和注册制。我国证监会目前依然采用的是核准制的方式来对 IPO 进行管理。所谓 IPO 核准制，是指拟进行 IPO 的公司需要符合证券管理机构制定的若干适于发行的实质条件，并经过监管机构审核才可以获得发行资格。核准制中一个核心的制度是监管机构可以对 IPO 的数量进行控制，从而对股票市场的股票供应量进行机动性的管理；而 IPO 注册制则是指发行申请人将与证券发行有关的一切信息和资料公开并呈送监管机构，后者只负责审查信息和资料的完整性和真实性。区别于核准制，注册制最重要的特征是监管机构只对申请人进行形式审查，如果申请人提供的材料完整、无误，那么监管机构不得以证券的发行价格高低、发行人的经营业绩或未来的发展情况好坏等理由拒绝其发行申请。因此，核准制注重事前控制，而注册制则主张事后控制。

（二）两种制度的利弊

截至 2016 年 7 月，我国沪深 A 股市场已经有 2910 家上市公司，其中，沪市主板上市公司 1101 家，深市主板上市公司 478 家，深市中小板上市公司 793 家，深市创业板上市公司 516 家。从上市公司总数来看，我国 A 股市场的上市公司数量已经接近 3000 家，而美国纽约证交所和纳斯达克两市上市公司总数已不足 4000 家，两者之间差距已经不是很大。考虑美国的两大交易所允许来自全世界各地的公司在其市场上发行股票募集资金，并且没有限制境外投资者投资于其股票市场。而我国目前 A 股市场上主要投资者都来自境内，境外投资者只能通过沪港通或合格的境外机构投资者的方式投资于 A 股市场，且这两种方式都有额度限制。因此，我国 A 股市场上的资金来源并不如美国股票市场的资金来源宽泛，如果采用注册制应对 IPO 申请，那么，A 股市场的上市公司数量将有可能出现暴增的情况。从资金供应角度出发，证监会目前采用的 IPO 核准制对稳定

A股市场是有一定的积极作用。

然而，从长远来看，采用注册制应对IPO申请并且减少监管机构对此的干预是未来的发展趋势。市场具有自我调整功能，当市场上出现股票数量与资金供给无法匹配并导致市场整体下行的情境时，进行IPO意愿的公司将会大幅减少，从而市场自身会逐渐趋于相对均衡的状态。市场还会对IPO的公司的价值进行辨别，减少监管机构对IPO的干预会令IPO的定价机制将更加市场化，定价也会趋于合理。更进一步地，在核准制背景下，监管机构可以利用其掌控的审批权力来对申请IPO的公司进行主观筛选，这种筛选主要是指对申请公司的身份（国有还是私有）、所在行业、所在地域等背景来选择性批准。在这种背景下，最终通过并获得IPO资格的公司并不一定是经营业绩和发展前景最好的公司。理论上说，股份有限公司进行首次公开发行股票应该是其自身不可剥夺的权利。目前，我国证监会实行的核准制实际上是限制了公司在此方面权益，未来证监会应该着力于减少对市场的干涉，更专注于完善市场交易制度和查处包括信息披露虚假在内的损害投资者利益的违规行为。

三 发行条件

（一）主板和中小板

根据《中华人民共和国证券法》对首次公开发行股票的规定，拟进行IPO的公司在申请IPO时必须具有持续盈利能力和最近三年财务会计文件无虚假记载等条件，并且在申请时应当聘请具有保荐资格的机构担任保荐人。申请IPO的公司向证监会报送募股申请时必须提交包括发起人姓名或者名称、发起人认购的股份数、出资种类及验资证明、招股说明书、保荐人出具的发行保荐书等文件。

根据证监会出台的《首次公开发行股票并上市管理办法》（2016年修订，以下简称《管理办法》）规定，申请IPO的公司需满足在净利润、现金流、营业收入、股本总额等方面的一系列要求。第二十六条规定："（一）最近三个会计年度净利润均为正数且累计超过人民币3000万元，净利润以扣除非经常性损益前后较低者为计算依据；（二）最近三个会计年度经营活动产生的现金流量净额累计超过人民币5000万元；或者最近三个会计年度营业收入累计超过人民币3亿元；（三）发行前股本总额不少于人民币3000万元；（四）最近一期末无形资产（扣除土地使用权、水面养殖权和采矿权等后）占净资产的比例不高于20%；（五）最近一期末不存在未弥补亏损。"这些要求主要针对拟在主板和中小板上市的公司。

（二）创业板

而证监会对创业板上市公司的IPO的要求门槛相比主板、中小板要低很多。在创业板方面，根据证监会2014年5月出台的《首次公开发行股票并在创业板上市管理办法》的规定，对于拟在创业板上市的公司业绩和资产的要求是：(1) 最近两年连续盈利，最近两年净利润累计不少于1000万元；或者最近一年盈利，最近一年营业收入不少于5000万元。净利润以扣除非经常性损益前后孰低者为计算依据；(2) 最近一期末净资产不少于2000万元，且不存在未弥补亏损；(3) 发行后股本总额不少于3000万元。

四 IPO折价

（一）IPO折价的定义与原因

IPO中一个常见的现象是IPO折价（IPO underpricing），这个现象普遍存在于世界各大股票市场。所谓IPO折价，是指公司上市后在二级市场的交易首日，其股票的收盘价通常都会明显高于发行价，形成"首日收益"。很多学者都对IPO的折价现象进行了分析，并对此提出了诸多解释。造成IPO折价的原因有很多，包括承销商基于自身利益确保IPO中公司发行的股份能被顺利认购[1]，承销商和发行公司为了避免未来潜在的诉讼风险[2]，存在于发行公司、承

---

[1] Ralph Bachmann, "A theory of IPO Underpricing, Issue Activity, and Long–run Underperformance", *Working Paper*, 2004.

[2] Ibid..

销商、外部投资者之间的信息不对称[1]，发行公司为确保股票发行后能在二级市场获得广泛的投资者参与和较大的交易量等。[2] 关于对 IPO 折价的影响因素方面，有学者认为，IPO 的竞争性（包括 IPO 年份和公司所在行业等竞争）是影响 IPO 折价的主要因素之一，例如，在 IPO 数量多的年份上市时的折价越大[3]；也有学者认为，具有良好声誉的 IPO 的承销商通常对 IPO 公司的质量有更好的判断力，并且能降低投资者的风险，从而进一步降低 IPO 的折价水平。[4] 此外，还有研究发现，当进行 IPO 的公司股东中有风险投资人时，IPO 的折价也会相对较低，主要原因是风险投资人通常具有较强的对公司质量和价值的判定能力。

（二）A 股市场中的 IPO 折价

上述现象和因素在我国 A 股市场的 IPO 中基本上都存在。但是，从我国过去几年的 A 股 IPO 折价来看，折价率要远高于国外发达市场的 IPO 折价率。表 2-1 是从 2001—2015 年我国 A 股 IPO 的折价率。从表 2-1 中可以看到，虽然有少数 IPO 上市后首个交易日的收盘价跌破了发行价，但是，每年 IPO 的平均折价率都为正，在 2001—2015 年的 IPO 平均折价率为 77.21%，并且在 2001 年、2002 年、2007 年和 2008 年这四年甚至超过了 100%。

从现有的对 A 股 IPO 折价的研究来看，造成 A 股 IPO 高折价率的原因包括：（1）当国有企业进行 IPO 时，政府有意愿向市场投资者传递一个政策信号，表明其维护长期股权价值的政策主张，从而

---

[1] Ljungqvist, A., Chapter 7 – IPO Underpricing, Handbook of Empirical Corporate Finance SET. Elsevier, 2007.

[2] Brau, J. and Fawcett, S., "Initial Public Offerings: An Analysis of Theory and Practice", *The Journal of Finance*, Vol. 61, No. 1, 2006, pp. 399–436.

[3] Ritter, J. R. and Ivo, W., "A review of IPO Activity, Pricing, and Allocations", *The Journal of Finance*, Vol. 57, No. 4, 2002, pp. 1795–1828.

[4] Carter, R. and Manaster, S., "Initial Public Offerings and Underwriter Reputation", *The Journal of Finance*, Vol. 45, No. 4, 1990, pp. 1045–1067.

导致了国有企业 IPO 的折价率普遍偏高[1];（2）对 IPO 申请施行核准制限制了 IPO 的供给,这种限制导致了市场的供给不足和需求的扭曲,从而造成了一级市场和二级市场之间的高价格差[2];（3）IPO 定价指导机制使得新股定价缺乏市场化。[3]

关于 IPO 的定价,证监会一直在进行改革。在 2015 年 11 月证监会发布的 IPO 新规则中对于规模不高于 2000 万股的 IPO 项目可直接网上发行,采用直接定价方式而不进行网下询价和配售。随着未来我国 A 股 IPO 向注册制迈进,并且定价机制的进一步市场化,IPO 的高折价率现象会逐渐得到缓解。从表 2-1 中也可以看到,在最近几年的 A 股 IPO 中,折价率也呈一定程度的下降趋势。

表 2-1　　　　　　A 股上市公司的 IPO 折价　　　　单位:%

年份	平均值	中位数	标准差	最小值	最大值
2001	149.59	149.59	156.89	-81.11	1278.85
2002	148.66	148.66	166.98	24.78	1356.25
2003	72.03	72.03	44.07	10.73	227.99
2004	70.14	70.14	54.57	-9.00	324.89
2005	45.12	45.12	34.65	2.79	133.86
2006	83.58	83.58	59.66	0.00	345.71
2007	193.07	193.07	111.82	32.25	538.12
2008	114.87	114.87	89.59	7.66	403.54
2009	74.15	74.15	42.68	2.34	209.73
2010	41.61	41.61	41.62	-9.91	275.33
2011	20.98	20.98	30.44	-23.16	198.89
2012	26.55	26.55	58.71	-26.33	626.74

---

[1] 徐浩萍、陈欣、陈超:《国有企业 IPO 发行折价:基于政策信号理论的解释》,《金融研究》2009 年第 10 期。

[2] 田利辉:《金融管制、投资风险和新股发行的超额抑价》,《金融研究》2010 年第 5 期。

[3] 刘煜辉、熊鹏:《股权分置、政府管制和中国 IPO 抑价》,《经济研究》2005 年第 5 期。

续表

年份	平均值	中位数	标准差	最小值	最大值
2013	27.69	27.69	46.52	-5.21	60.58
2014	43.52	43.52	3.87	13.75	46.19
2015	46.55	46.55	24.37	-1.78	304.32
全部年份	77.21	77.21	83.81	-81.11	1356.25

注：表中报告的是 2001—2015 年 A 股 IPO 折价率的统计信息。
资料来源：国泰安数据服务中心。

第二节 沪深 A 股市场

一 市场情况

深圳证券交易所成立于 1990 年 11 月 26 日，上海证券交易所成立于 1990 年 12 月 1 日。深市与沪市均由中国证券监督管理委员会管理，属于非营利性机构。A 股的正式名称是人民币普通股票。它是由中国境内的公司发行，供境内机构、组织或个人以人民币认购和交易的普通股股票。从 2013 年 4 月 1 日起，境内香港、澳门及台湾地区居民可开立 A 股账户。A 股目前尚未对（除港澳台地区外）境外投资者开放。境外投资者只能通过合格的境外机构投资者（Qualified Foreign Institutional Investor, QFII）来投资 A 股。而境内投资者投资境外股票市场的主要渠道之一则是通过合格的境内机构投资者（Qualified Domestic Institutional Investor, QDII）。深市 A 股市场分为主板、中小板和创业板。主板（Main Board）自 1990 年年末成立；中小板（SME Board）成立于 2004 年 5 月，属于深圳证券交易所。创业板（ChiNext）成立于 2009 年 10 月，是一个参照纳斯达克的股票交易市场，主要为小型的高科技、文化媒体或其他新兴产业公司融资的股票市场。B 股的正式名称是人民币特种股票。它是以人民币标明面值,以外币认购和买卖,在沪深两市交易的以外币计价的股票;沪市的 B 股以美元计价和结算,深市的 B 股以港币计价和结算,B 股公司的注册地和上市地都在境内。2001 年前投资者限制为境外人士,2001 年之后,开放境内个人居民投资 B 股。

  主板与中小板在上市规则上并无实质性差异,主要的差异体现在 IPO 时发行股票数量的多少上;而创业板则在公司规模和业绩要求方面比主板和中小板低不少。具体信息上文已经阐述,此处不再重复。表 2-2 是 2015 年年末所有 A 股上市公司总资产的统计信息,从表 2-2 中可以看到沪市主板上市公司的总资产的平均值和中位数最高,深市主板次之,而且沪深主板上市公司的规模要显著大于中小板和创业板。创业板上市公司的总规模在所有板块上市公司中最小,平均值只有 23.25 亿元人民币。

表 2-2   2015 年 A 股上市公司总资产统计   单位:元

上市公司类型	平均值	中位数	最小值	最大值
全部 A 股上市公司	61068602220	3483885349	8702942	22209780000000
深市主板上市公司	23120136741	5474452420	8702942	2507149000000
中小板上市公司	6079791023	2883176049	110879530	716464653000
创业板上市公司	2324943360	1575400740	266120921	32734965600
沪市主板上市公司	144558650676	5571957904	35611102	22209780000000

资料来源:国泰安数据服务中心。

二 沪深 A 股市场交易方式

(一)集合竞价

1. 集合竞价时间

  A 股二级市场的股票交易目前采用的是集合竞价和连续竞价两种交易方式。上海证券交易所在开盘时,也就是每个交易日 9 时 15 分至 9 时 25 分采用的是集合竞价。在 9 时 20 分至 9 时 25 分期间不接受撤单申报，而其他接受交易申报的时间内，未成交申报可以撤销。每个交易日9时25分至9时30分，上交所只接受申报，但不对买卖申报或撤销申报做处理。而深圳证券交易所每个交易日的9时15分至9时25分为开盘集合竞价时间，14时57分至15时00分则为收盘集合竞价时间。每个交易日上午9时20分至9时25分和下午14时57分至15时00分，深交所不接受参与竞价交易的撤销申报，但在其他接受申报的时间内，未成交申报可以撤销。每个交易日9时25分至9时30分，深交所只接受申报，但不对买卖申报或撤销申报做处理。

2. 具体交易方式

所谓集合竞价，是指将多笔委托报价或一时段内的全部委托报价集中在一起，根据不高于申买价和不低于申卖价的原则产生一个成交价格，且在这个价格下成交的股票数量最大，并将这个价格作为全部成交委托的交易价格。集合竞价确定基准价格（也就是成交价格）的方式是按照价格优先、时间优先的原则排序，并满足成交量最大、高于基准价格的买入申报和低于基准价格的卖出申报可全部成交、与基准价格相同的买卖双方中有一方申报可全部成交的条件。如果在集合竞价过程中产生超过一个基准价格（也就是不止一个以上的价格同时满足上述三个条件）时，沪市选取这几个价格的中间价格为成交价格，而深市则选取离前上一交易日收盘价最近的价格为成交价格。表2-3是沪深两市交易时机和不同竞价方式时间的统计信息。

（二）连续竞价

1. 交易时间与交易方式

在集中竞价之外的交易时间内，上交所和深交所对股票交易实行连续竞价。上交所每个交易日的上午9时30分至11时30分和下午1时至3时采用连续竞价方式。而深交所每个交易日上午9时30分至11时30分和下午1时至2时57分采用连续竞价方式，接受申报进行撮合。所谓连续竞价，是指对申报的每一笔买卖委托，由电脑交易系统按照以下方式产生成交价：最高买进申报价格与最低卖出申报价格相同，则该价格即为成交价格；如果买入申报价格高于即时揭示的最低卖出申报价格时，以即时揭示的最低卖出申报价格为成交价；如果卖出申报价格低于即时揭示的最高买入申报价格时，以即时揭示的最高买入申报价格为成交价。简单地说，连续竞价就是采用成交时价格优先和时间优先的原则。对于买进申报采用较高价格者优先，而对于卖出申报则采用较低价格者优先。如果买卖方向、价格相同的，连续竞价中采用先申报者优先于后申报者的方式确定成交。此外，连续竞价中如果买卖申报未能成交，将继续等待机会，如果申报的数额中有部分可以成交，剩余未成交部分可在委托的有效时限内继续等待成交，直到有效期满时申报才被做无效处理。

2. 连续竞价的利弊

与集合竞价对于撤单时间有限制不同，连续竞价中投资者可随时撤单。但这种允许撤单的规定也导致了少数投资者虚假申报以误导其他投资者的现象。例如，2012年3月，证监会根据上交所提供的监控线索，对苏某涉嫌操纵证券市场案立案调查，随后在2014年1月，证监会对苏某做出行政处罚决定。证监会对苏某进行处罚的原因是在2010年7月至2012年5月，苏某使用三个不同交易账户，在先期建仓后，在盘中连续竞价阶段频繁使用大额买单虚假申报后迅速撤单等方式推高股价，诱导其他投资者跟进，然后以迅速反向大额卖单卖出等方式进行虚假申报操纵；此外，苏某还多次涉及在开盘集合竞价阶段进行虚假申报撤单，随后反向卖出的行为。证监会认为，苏某上述行为违反了《证券法》（2016年修订）第七十一条第四项"不得以其他手段操纵证券市场价格"的规定，因此决定没收其非法所得并处以罚款。[①]

[①] 顾鑫：《虚假申报撤单操纵市场受处罚》，《中国证券报》2014年11月11日。

表2-3　　　　集合竞价和连续竞价的交易时间信息

	上交所		深交所		
集合竞价时间	时间（申报是否可撤销）		时间（申报是否可撤销）		
	9：15—9：20（可以）	9：20—9：25（不可以）	9：15—9：20（可以）	9：20—9：25（不可以）	14：57—15：00（不可以）
连续竞价时间	9：30—11：30（可以）	13：00—15：00（可以）	9：30—11：30（可以）	13：00—14：57（可以）	
其他时间	9：25—9：30（只接受申报，但不做处理）		9：25—9：30（只接受申报，但不做处理）		

注：表中报告的是沪深两市的集合竞价与连续竞价时间，以及交易指令是否可以撤销的统计信息。

三　A股市场存在的其他问题

（一）非流通股

在沪深两市成立初期，由于政府希望保持对国有企业的控制权，又希望让国有企业能够通过股票市场获得融资，因此在沪深两市成立初期，所有的上市公司的股票都分为流通股和非流通股。非流通股包括国家股、国有法人股、内资及外资法人股、发起自然人股等。非流通股不能在二级市场流通，但非流通股除了流通权与流通股不一样外，其他权利和义务都是完全一样的。在实际操作中，非流通股也不是完全不能买卖，但可以通过拍卖或协定转让的方式来进行流通，当然，一定要获得证监会的批准，交易才能算生效。如进行交易，非流通股的转让价格通常以股票的账面价值为标准计价。非流通股的存在导致众多问题，诸如大股东不关心股价、大股东挪用公司资金、公司的正常兼并活动受到制约等。在股改前，所有上市公司的股票平均2/3都是非流通股，其中，国有股和国有法人股平均各为30%。2005年4月，中央政府决定进行股权分置改革，改革的核心是让非流通股转变为流通股。非流通股股东支付一定的对价给流通股股东，以获得持有的非流通股票的流通权。各上市公司的股改方案必须有 2/3 的全体股东和 2/3 的流通股股东投票同意方可通过。截至目前，绝大多数上市公司的股票已经成为流通股。股权分置改革直接导致了 2005—2007 年的大牛市，股指从 1000 多点涨到 6000 多点。但大量非流通股的入市，也是股市自 2007 年以后持续低迷的原因之一。

（二）上市公司业绩变脸

虽然股权分置问题已经基本得到解决，但沪深两市目前依然存在诸多问题，包括上市公司质量良莠不齐、上市公司业绩虚假问题（如"业绩变脸"的频繁出现）等。汉王科技（中小板上市公司，深市代码002362）是 2010 年上市的公司，该公司公布的年报显示，2010 年实现营业收入 12.37 亿元，比 2009 年的 5.8156 亿元增长了 112.71%，实现净利润 8790.16 万元，同比增长 2.69%，每股收益 0.88 元。然而，汉王科技预告 2011 年第一季度的业绩为亏损 4000 万—5000 万元。仅在上市后半年左右时间，从业绩同比翻倍、盈利 1 亿元到亏损近 5000 万元，这种落差对股价带来致命性的打击，其股价从 2010 年 5 月最高的 175 元，跌到 2011 年 3 月仅 51 元左右。关于上市公司在其他方面存在的问题，将在本书的第三章至第十章进行详细阐述。导致这些问题产生的主要原因是沪深 A 股上市公司的内外部治理机制尚无法充分发挥效力，这也是为何要强调对上市公司治理水平提升的缘由。

四 沪港通

（一）沪港通产生的来龙去脉

1. 什么是沪港通

由于我国对资本项目下的外汇兑换尚未实行较为严格的管制，境内投资者如要在境外进行投资会面临难以兑换足额外汇的困难，因此境内投资者投资上市公司股票的主要途径便只有沪深 A 股市场。但是，随着我国国民经济的持续发展，本土居民在投资种类和渠道方面的需求也随之不断增加。香港股票市场作为距离内地最近的国际化股票市场，一直对内地投资者具有很大的吸引力。为了满足内地居民的对外投资需求，在2014年11月17日，沪港通开通仪式在香港联合交易所举行，标志着沪港两地股票市场开始正式面向两地投资者开放。

沪港通是指上海证券交易所和香港联合交易所允许两地投资者通过当地证券公司（或经纪商）买卖规定范围内的对方交易所上市的股票，是沪、港股票市场交易互联互通机制。沪港通包括沪股通和港股通。沪股通，是指投资者委托香港特区经纪商，经由香港联合交易所设立的证券交易服务公司，向上海证券交易所进行申报，买卖规定范围内的上海证券交易所上市的股票。港股通，是指投资者委托内地证券公司，经由上海证券交易所设立的证券交易服务公司，向香港联合交易所进行申报，买卖规定范围内的香港联合交易所上市的股票。

2. 夭折的"港股直通车"

沪港通开通前，中央政府曾一度有意开通"港股直通车"，让中国内地居民直接投资香港股票市场。在2007年年初，"港股直通车"这一政策最初的设想来源于天津滨海新区与中银国际的业务交流。当时，作为中央政府对天津滨海新区诸项优惠政策中在资本项目下的一项特殊政策，该方案上报国务院后曾获得了批复。2007年8月20日，国家外汇管理局发布《开展境内个人直接投资境外证券市场试点方案》后，中国银行天津分行拟推出个人投资港股业务。而且国家外汇管理局宣布了有意启动"港股直通车"计划时，还一度引发香港股市的一波较大涨幅。然而，在2007年10月16日中国人民银行行长周小川表示，"港股直通车"本质上是放宽境内个人对外投资的限制，政策的影响层面广，因此，中央政府及各相关机构尚需时间进行测试，并在技术上做好准备工作。此后，"港股直通车"的实施便一直处于停滞状态。2007年11月，国务院总理温家宝暗示港股直通车还需时间落实，随后中央政府无限期推迟"港股直通车"的开通。

（二）沪港通的交易模式和交易情况

1. 交易标的

"港股直通车"的落空使内地投资者在境外进行权益型投资的需求未能得到满足。随着我国经济不断发展，投资者对境外投资的需求一直呈上升趋势。因此，中央政府和证监会等机构随后就开始寻求制订新的政策方案，以应对境内投资者赴境外投资的需求。这也是"沪港通"产生的主要原因之一。中国证监会与香港证监会在2014年11月10日早间联合发布公告，沪港通正式开通，列入沪港通交易的股票将于2014年11月17日开始允许投资者进行买卖。沪港通中沪股通的股票范围是上海证券交易所上证180指数、上证380指数的成分股，以及上海证券交易所上市的A+H股公司股票。而港股通的股票范围是香港联合交易所恒生综合大型股指数、恒生综合中型股指数的成分股和同时在香港联合交易所、上海证券交易所上市的A+H股公司股票。港股的投资标的都是香港股市中的稳健蓝筹股和稳健成长股，这些股票具备一定的安全性和成长性方面的优势。这种安排有利于中国内地投资者对香港股市获得一个逐渐了解和认识的过程，以尽量避免投资的盲目性和风险性。

2. 交易制度

港交所目前实施T+0交易制度，且无涨跌幅限制；而沪市实行的是T+1制度，有单日涨跌幅限制。沪港通中港股实施T+2制度。T日买入港股的投资者，T+2日日终完成交收后才可获得相关证券的权益；T日卖出港股的投资者，T日和T+1日日终仍可享有关于证券的权益。需要注意的是，虽然香港股票市场实施T+2交收制度，即T日买入，T+2日股票到账。但允许投资者在股票尚未到账的T日和T+1日卖出股票。目前，沪港通仍然对融资融券有一定限制，即A股投资者买卖沪股通股票不参与上交所两融交易，但香港本地金融机构可以为投资沪股提供融资。

3. 市场容量

在沪港通开通初期，监管机构对人民币跨境投资额度实行总量管理，并设置每日额度和实行实时监控。其中，沪股通总额度为3000亿元人民币，每日额度为130亿元人民币；而港股通总额度为2500亿元人民币，每日额度为105亿元人民币，但双方可根据试点情况对投资额度进行调整。3000亿、2500亿元的沪股通、港股通总额度，以及130亿元、105亿元的沪股通、港股通每日额度，均按买入卖出抵消之后的净轧差计算（即额度以"净买入"计算，不限制卖盘），这意味着沪港通支持的实际成交额可以超过额度本身。

以沪港通开通初期沪市的每日交易资金规模1000亿元人民币计算，沪股通启动后沪市每日约有130亿元人民币的增量资金进入，将占交易资金的15%左右，如果按买入资金来计算或许更多。同样，香港股市的增量资金将占交易资金的15%左右，与沪市相当。若总额度的余额少于每日额度的130亿元人民币，沪股通当天将不再接受新买盘订单。若因卖盘成交而令总额度余额恢复至高于每日额度的130亿元人民币水平，沪股通将于随后的交易日恢复接受买盘。不过，卖盘将不受限制，香港特区及海外投资者仍可以卖出他们手上的A股。也就是说，满额的情况下停买不停卖。对投资者采用双向人民币交收，即内地投资者买卖以港币报价的港股通股票，以人民币交收，香港特区投资者买卖沪股通股票，以人民币报价和交易。沪港通目前只覆盖二级市场交易，不包括首次公开发行股票（IPO）。

4. 交易情况

2014年11月17日是沪港通开通的第一天，交易并没有出现投资者想象的暴涨，市场表现相对平稳。额度使用情况也低于预期。沪股通每日130亿元人民币的额度提前一小时用完。到下午4时香港股市收市时，港股通资金仅用了26.7亿元人民币，余额还剩78.3亿元人民币。这意味着内地股民对于港股比较谨慎，仅用了18%的额度，超过80%的额度未用。

从第一天沪股通成交额排行看，前十名分别是中信证券、中国平安、大秦铁路、海通证券、兴业证券、贵州茅台、浦发银行、伊利股份、上汽集团和民生银行。以银行保险和券商等金融股居多，此外，基建消费类龙头股也受资金追捧。香港市场方面，港股通成交额前十名的分别是腾讯控股、香港交易所、中国银行、中国移动、工商银行、建设银行、金沙中国、中国石油、汇丰控股和中国平安。也以金融股为主，外加互联网、博彩等内地稀缺股。从投资偏好及交易额看，港股投资者或以散户为主，且偏爱中资股，尤其是内地所没有的（如腾讯控股、凤凰卫视等）和比A股便宜很多的H股。

2014年11月19日是沪港通开通的第三日，沪股通额度仅用了26.12亿元人民币，使用率为20%；105亿元人民币港股通每日额度仅使用2.53亿元人民币，使用率仅为2.41%。[①] 造成这些现象的原因主要包括：（1）A股投资者对港股交易制度熟悉程度较低；（2）两市股票估值情况存在差距，诸如科技类股票在沪市估值较高，而在香港市场估值较为合理，但当时这些行业股票在A股市场的总体估值偏低；（3）投资者类型不同，香港市场机构投资者持股比例占60%左右，而A股市场散户比例颇高；（4）沪市交易成本低于香港市场。

总体来说，沪港通开通初期，市场整体的观望情绪较浓，但在经过了开通初期的磨合后，沪港通逐渐迈入了相对较快的发展通道。港交所"沪港通"一周年时，期间总成交逾25200亿港元，"沪港通"为港交所贡献了约2亿港元收入。[②] 其中，"沪股通"累计成交金额为15346.64亿元人民币，总额度使用1207.52亿元人民币，净买入为900.23亿元人民币；"港股通"累计成交金额5881.98亿元人民币，总额度使用917.91亿元人民币，净买入为943.42亿元人民币。[③] 2015年，沪股通及港股通平均每日成交额分别为64亿元人民币及34亿港元。总体来说，沪港通在改善A股流动性和投资者结构以及对人民币国际化具有促进作用。

[①] 苏晓、牛琪：《沪港通开锣"慢热"长线乐观》，《人民日报》（海外版）2014年11月20日。

[②] 时娜、张忆：《港交所2015年盈利创历史新高沪港通贡献2亿收入》，《上海证券报》2016年3月3日。

[③] 朱宝琛：《方星海首秀谈A股开放　继续推进深港通》，《证券日报》2015年11月18日。

第三章 分红派息

股份有限公司，尤其是上市公司，在经营过程中最核心的行为决策包括分红派息、股票回购、资本结构调整和并购重组。随着我国经济不断发展，社会大众和投资者对作为境内企业代表的上市公司有着越来越高的要求和期待。这些要求和期待主要体现在上市公司除创造利润和推动宏观经济发展外，还需要承担更多的社会责任。另外，在近几十年来知识经济的浪潮下，为了维持公司的持续增长，各类型、各行业的公司越发重视知识产权和专利技术，对此投入了大量的人力、物力以求获得在行业领先的技术水平。因此，本书从第三章开始详细讲述公司的分红派息、资本机构、并购重组、社会责任履行和创新行为，并分析公司治理在这几方面发挥的作用。

第一节 分红派息的基本情况

一 为何要分红派息

1. 分红派息的定义

分红派息（或股利政策）是上市公司期末分配其累计的收益或利润的公司行为。在弥补以前的年度亏损、提取法定公积金及任意公积金后，公司将剩余的税后利润以现金或股票的方式，按股东持股比例或按公司章程规定的办法向股东进行分配。上市公司在分配其收益时需要考虑一系列因素，然后再决定是否分配收益、以何种形式分配以及分配额度的多少。证监会 2008 年 10 月 9 日发布的《关于修改上市公司现金分红若干规定的决定》第二条允许上市公司可以进行中期分红。因此，上市公司的分红派息在符合我国《公司法》和公司章程的规定情况下可以每年进行多次。

股利政策不仅直接影响公司分配后的经营业绩与融资能力，而且直接影响投资者的利益和股票市场整体的稳步发展。针对股份有限公司关于股利政策的决策，《公司法》第四十六条规定，董事会在分配股利方面的职权是制订公司的利润分配方案。《公司法》第三十七条规定，应由股东会审议批准公司的利润分配方案。因此，股份有限公司股利分配的最终决定权在股东大会。从上市公司角度看，分配股利也是上市公司的核心金融决策之一，而且相关信息也会显著影响公司的股价。基于此因素，《证券法》第七十五条将公司分配股利的计划认定为属于内幕信息，如公司股东或高层管理者在股利计划尚未公布之前利用该信息进行股票交易而获利，该行为属于内幕交易并应受到相应的惩处。

2. 分红派息的程序

上市公司分红派息的程序大致如下：

第一，上市公司在公布年度报告后，董事会在综合考虑公司盈利情况、资本结构、未来投资所需资金的金额、公司股价等信息后，制订"分配预案"，并随后对外公布"分配预案"和召开股东大会。

第二，公布股东大会对此审议的决议，确定最终分红派息方案和具体时间，包括如股权登记日、除权除息日、分红办法等，并予以公告。

第三，分红并除权、除息。上市公司在分红派息时，交易所在股权登记日的次一交易日进行公司股价除权、除息。

二　分红派息的方式及结算

上市公司分红派息有三种形式：（1）以现金形式支付股利；（2）以股票形式支付股利；（3）以现金和股票结合的方式支付股

利。当上市公司向股东分派现金股利时，交易所对股票进行除息处理。除息后的股价＝股权登记日的收盘价－每股分配的现金股利金额。当上市公司向股东分派股票股利，交易所则对股票进行除权处理。除权后的股价＝股权登记日的收盘价/1＋每股分配的股票股利数量。如上市公司同时分配现金股利和股票股利，则除息、除权后的价格＝股权登记日的收盘价－每股分配的现金股利金额/1＋每股分配的股票股利数量。投资者在除权、除息日买进的股票不再享有送配公告中所登载的各种权利。

计划分红派息的上市公司在股权登记日的前5日，向中国证券登记结算有限责任公司（以下简称中登公司）申请分红派息，并提供相关材料（包括股东大会决议和分红派息的方案等）。中登公司审核通过后，上市公司在股权登记日前3日在交易所发布公告，并且在股权登记日前1日16时之前将款项汇入指定银行。中登公司在汇款的截止时点确认上市公司汇付的款项后，于股权登记日后1日将现金划入股东的资金账户或将股票记入股东的证券账户。不同形式的股利支付对公司和投资者的影响差异很大。首先，我们先看以现金形式支付股利对公司和投资者的影响。

第二节 现金股利

一 现金股利的发放及其影响

（一）发放缘由

1. 理论背景

现金股利，顾名思义，是公司以现金形式将公司在弥补以前的年度亏损、提取法定公积金及任意公积金后的剩余税后利润为股东分红派息。上市公司支付现金股利除将公司营收所得利润回馈给股东这一主因外，还有其他动机促使其进行现金形式的分红。根据证监会的要求，上市公司如要增发证券必须要满足证监会在《上市公司证券发行管理办法》（2017 年修订）中第八条第（五）项所规定的"最近三年以现金或股票方式累计分配的利润不少于最近三年实现的年均可分配利润的百分之二十"。[①] 此外，《公司法》第七十四条规定，如公司连续五年盈利却不向股东分配股利，那么股东有权请求公司按照合理的价格收购其股权。

现金股利的发放对上市公司最大的影响是减少了公司可支配资金的额度。本书第二章曾讲到公司的融资选择的"啄食顺序理论"，上市公司会首选使用公司内部盈余为新项目融资。如果上市公司在分配现金股利后，发现有新的投资机会或遭遇由突发事件导致的资金需求，那么公司将面临采取外部融资方式来获得资金。因此，在其他条件不变的情况下，更倾向于发放现金股利或者发放更多现金股利的公司往往是规模大、经营现状稳定的蓝筹股公司。由于它们已经在所在行业具有较多、较稳定市场份额且营业利润波动幅度也不大，而未来持续增长的空间却比较小，因此，它们更乐意将盈余分配给股东。但对于尚处于高速发展的上市公司而言，其面对的投资机会多而且未来增长空间大，这种类型的上市公司在获得盈余情况下更愿意将资金留在公司内部以应对未来的投资需求，因此它们通常不愿意选用现金形式支付股东股利或者支付股东较少的现金股利。

2. 学术研究及争议

如果不考虑增发要求等强制性手段，上市公司究竟为何要发放股利呢？过去几十年中，学术界一直就此问题进行各种形式的探讨和研究。学术界对上市公司的股利政策的研究可以追溯到 20 世纪 60 年代。自米勒和莫迪格利亚尼（Miller and Modigliani, 1961）[②]提出了"股利无关论"以来，关于上市公司的股利政策的争论就一

[①] 《关于修改上市公司现金分红若干规定的决定》，中国证券监督管理委员会，2008 年 10 月 9 日。

[②] Miller, M. H. and Modigliani, F., "Dividend Policy, Growth and the Valuation of Shares", *Journal of Business*, Vol. 34, No. 4, 1961, pp. 411–433.

直没有停止过。米勒和莫迪格利亚尼（1961）认为，在完全的资本市场条件下，公司的股利政策对上市公司价值不会产生影响，公司股票价值的变动主要归因于股利政策中包含的关于公司未来盈利的信息。而其他学者持有不同观点，例如，戈登（Gordon，1962）[1]提出了"股利相关论"，他认为，股利政策会对公司的股价产生实质性影响。虽然关于股利政策的研究很多，但是，目前尚存在较多分歧。

股利政策的相关研究主要可以归为三个主要的理论体系：（1）股利信号传递理论；（2）股利分配的代理理论；（3）股利政策的顾客效应。米勒和莫迪格利亚尼（1961）、约翰和威廉姆斯（John and Williams，1985）[2]、米勒和罗克（Miller and Rock，1985）[3]认为，公司发放股利的主要目的是向市场传递一个关于公司未来业绩和现金流的信号。Kalay 和 Loewenstein（1985）[4]、Nissim 和 Ziv（2001）[5]的研究也发现，公司的股利变化与公司未来的盈利之间存在显著的正向关系。而詹森和梅克林（Jensen and Meckling，1976）[6]及伊斯特布鲁克（Easterbrook，1984）[7]提出的股利分配的代理理论则认为，公司支付股利是公司的股东与管理层之间的代理冲突的结果。支付股利可以避免权益资本的累计，促使公司向外部

---

[1] Gordon, M. J., "The Savings Investment and Valuation of a Corporation", *The Review of Economics and Statistics*, Vol. 44, No. 1, 1962, pp. 37–51.

[2] John, K. and Williams, J., "Dividends, Dilution and Taxes: A Signalling Equilibrium", *The Journal of Finance*, Vol. 40, No. 4, 1985, pp. 1053–1070.

[3] Miller, M. H. and Rock, K., "Dividend Policy under Asymmetric Information", *The Journal of Finance*, Vol. 40, No. 4, 1985, pp. 1031–1051.

[4] Kalay, A. and Loewenstein, U., "Predictable Events and Excess Returns: The Case of Dividend Announcements", *Journal of Financial Economics*, Vol. 14, 1985, pp. 423–449.

[5] Nissim, D. and Ziv, A., "Dividend Changes and Future Profitability", *The Journal of Finance*, Vol. 56, No. 6, 2001, pp. 2111–2133.

[6] Jensen, M. C. and Meckling, W. H., "Theory of the Firm: Managerial Behavior, Agency Costs and Ownership Structure", *Journal of Financial Economics*, Vol. 3, No. 4, 1976, pp. 305–360.

[7] Easterbrook, F. H., "Two Agency Cost Explanations of Dividends", *American Economic Review*, Vol. 74, 1984, pp. 650–659.

融资，通过调整公司的债务比例来降低代理成本，并且督促公司管理专注于公司的经营。此外，发放现金股利还能有效地降低公司管理层可以使用的自由现金流（Jensen，1986）。股利的顾客效应理论也是由米勒和莫迪格利亚尼（1961）的研究发展起来的。部分股东偏好投资于股利低但股票的资本利得高的公司，而另一些股东则倾向于投资股利高的公司。管理层很难满足所有股东的偏好，因此不必过度考虑股东的意愿，而应根据公司自身的情况来制定股利政策，以吸引一批偏好本公司的投资者。

也有众多学者研究了我国上市公司的股利政策。例如，魏刚（1998）[1]发现，我国上市公司的股利政策对股票价格有较强的影响，研究结论支持了股利相关论。吕长江和王克敏（1999，2002）[2]发现，我国上市公司的股利政策受公司规模、国有及法人股持股比例、管理层持股比例、盈利能力、流动能力和代理成本等因素的影响，研究结论支持了股利信号传递理论和股利分配的代理理论。Eun和Huang（2007）[3]及Cheng、Fung和Leung（2009）[4]认为，我国上市公司支付股利的两个重要原因分别是为了向市场传达公司未来盈利能力强和公司良好的治理水平等信息，研究结论符合股利的信号传递理论。另一些学者得出了我国上市公司的股利政策与其他发达国家市场不同的实证结论。例如，Zou等（2008）[5]，Chen、

---

[1] 魏刚：《我国上市公司股利分配的实证研究》，《经济研究》1998年第6期。

[2] 吕长江、王克敏：《上市公司股利政策的实证分析》，《经济研究》1999年第12期；吕长江、王克敏：《上市公司资本结构、股利分配及管理股权比例相比作用机制研究》，《会计研究》2002年第3期。

[3] Eun, C. S. and Huang, W., "Asset Pricing in China's Domestic Stock Markets: Is There Logic?" *Pacific-Basin Finance Journal*, Vol. 15, 2007, pp. 452–480.

[4] Cheng, L. T. W., Fung, H. G. and Leung, T. Y., "Dividend Preference of Tradable-share and Non-tradable-share Holders in Mainland China", *Accounting and Finance*, Vol. 49, No. 2, 2009, pp. 291–316.

[5] Zou, H., Wong, S., Shum, C., Xiong, J. and Yan, J., "Controlling-minority Shareholder Incentive Conflicts and Directors' and Officers' Liability Insurance: Evidence from China", *Journal of Banking and Finance*, Vol. 32, No. 12, 2008, pp. 263–264.

Jian 和 Xu（2009）① 及 Huang、Shen 和 Sun（2011）② 等认为，上市公司的产权性质是决定股利政策的重要因素之一，因为国有股东有从其控股的上市公司获得资金来支持其公共设施建设和社会福利等开支的需求，股权集中度高的国有上市公司中存在通过发放高额的现金股利来转移公司资金的现象。总的来说，对上市公司股利政策的影响因素是多方面的。

（二）对投资者的影响

1. 投资者的收益与损失

对于投资者而言，上市公司支付现金股利究竟是好还是不好呢？如果上市公司不分红派息，那么公司盈余留在公司内部，公司的股价没有任何变动。如果上市公司选择使用现金形式来分配股利，那么公司的股价在除息后将变低，每股股价变动的金额为每股派息金额。对股东来说，如果在不考虑其他任何成本的情况下，应该是没有任何差异的。然而，股东获得上市公司的分红派息在我国是需要缴纳相应税费的。如果上市公司的股东为企业法人，按照《中华人民共和国企业所得税法》第六条规定，企业以货币形式和非货币形式从各种来源取得的收入为收入总额，这其中就包括股息、红利等权益性投资收益。

如果上市公司的股东为个人，按照《中华人民共和国个人所得税法》第二条规定，个人的利息、股息、红利所得应缴纳个人所得税；第三条进一步明确，股息和红利所得的税率为20%。③ 因此，

---

① Chen, D. H., Jian, M. and Xu, M., "Dividends for Tunneling in a Regulated Economy: The Case of China", *Pacific - Basin Finance Journal*, Vol. 17, No. 2, 2009, pp. 209 - 223.

② Huang, J. J., Shen, Y. and Sun, Q., "Nonnegotiable Shares, Controlling Shareholders, and Dividend Payments in China", *Journal of Corporate Finance*, Vol. 17, No. 1, 2011, pp. 122 - 133.

③ 为了鼓励个人投资者长期持有上市公司股票从而降低股票市场的波动率，财政部、国家税务总局和证监会在2015年9月7日联合发布了《关于实施上市公司股息红利差别化个人所得税政策有关问题的通知》，该通知第二条规定，当个人投资者持股时间超过一年（含一年）后获得的上市公司派发的股息红利时暂不需扣缴个人所得税。

如果考虑税费情况下，上市公司分红越多，投资者被扣缴的税费就越多，短期的损失也就越大。那么，投资者应该更愿意上市公司将资金留在公司内部以保持公司股价的稳定，而不愿意获得红利，这究竟对不对呢？从我国的实际情况来看，上市公司由于股权结构较为集中，公司在资金使用等方面的决策更多地由控股股东或少数大股东决定。第二章也曾提到上市公司中控股股东或大股东侵占上市公司资金的现象在A股市场层出不穷。为了避免这种现象，不论是作为监管者的证监会还是外部的中小股东都希望上市公司都能在获得稳定利润的情况下将公司部分盈余以现金股利的形式发放给股东。这也是证监会为上市公司增发证券时规定需要向股东派发股息要求的主要原因之一。

此外，上市公司在派发股息之后虽然股价会因为除息而下降，但是，对于经营情况良好的上市公司而言，由于其可以获得稳定的营业利润，其资产总额会因此逐渐增加，从而导致股价在未来一段时间内有较大概率会恢复到或超过分配股息前的价位。因此，分配股息虽然会因为缴纳税费而短期内造成股东权益下降，但是，只要公司持续维持良好的经营业绩，股东权益从长期看并不会因此受到损害。再者，由于我国A股市场存在的公司治理机制效果不理想，以及控股股东或大股东对外部股东有利益侵占等现象，市场会认为，现金股利政策稳定和持续的上市公司有良好的内部治理机制，从而导致这些公司有较高概率受到市场的追捧，其股价也有可能因此获得一定程度的溢价。

2. 大股东的侵占效应

虽然现金股利发放可以减少公司内部人可控的资金，一定程度上抑制控股股东或大股东对公司资金侵占的现象，但现金股利发放得越多并不意味着越好。一是在上文中曾提到公司以现金股利形式分配盈余会减少公司可用于投资新项目和应对未来突发事件时的资金保障。二是公司现金股利的发放中还存在当控股股东持股比例非常高时，通过发放高额的现金股利将公司资金转出，从而造成公司实际运营出现困境的现象。此外，还有部分公司在进行外部融资的同时发放高额的股息。如果公司有需要资金来追加投资的需求，为何发放高额现金红利呢？这种行为是否存在大股东对中小股东的侵占效应也值得投资者思考。

以沧州明珠塑料股份有限公司（中小板上市公司，深市代码002108）在2006年和2007年的现金股利派发为例，在2006年沧州明珠的控股股东为河北沧州东塑集团股份有限公司，后者持有前者71.72%的股份，从而拥有对前者的绝对控制权。2007年1月，沧州明珠首次公开发行1800万股，每股发行价为10.16元，募集资金182880000元，扣除发行费用14710000元后，金额为168170000元。在首次公开发行股票后，沧州明珠的控股股东河北沧州东塑集团股份有限公司的持股比例降为52.94%，后者依然牢牢地掌握了对前者的控制权。公开发行后的次年4月，沧州明珠召开2007年股东大会决定向股东派发每股现金股利0.43元（含税），共计派发现金股利25562500元，派发现金股利金额为股权融资净额的17.58%。此外，在沧州明珠公开发行股票之前，其在2007年4月召开的2006年股东大会时还向股东派发每股0.4元的现金股利，金额共计27500500元。

大额派发股息的前提应该是公司缺乏良好的投资机会，而公开发行股票的主要原因之一应该是公司需要资金来开展新项目并扩大公司经营，这两者之间是互相矛盾的。当然，公司可以认为其发放股利是基于公司的盈余。但是，如果公司有足够的盈余，那为何还要以股权融资的形式来大额募集资金呢？主要原因在于我国上市公司的股权非常集中，即使在发行股票融资后，控股股东依然可以掌握上市公司的控制权，而内、外部公司治理机制在抑制控股股东侵占公司资金方面并没有表现出良好的治理效应。这些因素导致我国上市公司并没有按照"啄食顺序"理论来开展融资活动，少数公司一边发行股份募集资金，一边大额发放现金股利。

二 A股上市公司的现金股利发放情况

（一）发放金额及比例

从我国上市公司总体的现金分红数据来看，向股东分配了现金股利的公司数量越来越多，但支付比率却一直较低。在A股市场成立最初的10年，上市公司分红意愿确实很低。1990—2000年年末，A股上市公司累计现金分红额1044.96亿元，而同期总利润额为5499.64亿元，股利支付率尚不到20%。① 但是，随后几年由于证监会等监管机构对上市公司分红派息出台了一系列强制和鼓励性措施，上市公司分红的意愿开始逐渐增强，这种现象在近几年表现得尤为明显。2008—2010年，采用现金形式为股东分配红利的上市公司家数分别为842家、932家和1256家，占所有上市公司总数的比例分别为53.16%、55.38%和61.81%，而分配总额分别为3415.89亿元、3803.66亿元和4483.7亿元。② 到2013年，共有1879家公司现金分红，合计7629亿元。③ 然而，上市公司股息的总体支付比例却并不突出。2008—2012年，A股上市公司整体股利支付率分别为41.57%、36.34%、30.73%、31%和29.42%，上市公司分红总额的增幅竟低于净利润增幅。④

（二）发放现金股利的公司及行业分析

从2015年数据（上市公司一般在次年的6月30日前召开上一年度股东大会，因此，2015年支付的实为基于2014年公司利润的股利）来看，截至2015年4月30日，沪深A股有1930余家上市公司公布了分红预案，其中有现金分红预案的有1866家，占比超过97%，

---

① 刘田：《A股分红怪圈：分红公司增加股利支付率却逐年下降》，《第一财经日报》2013年7月6日。
② 同上。
③ 武卫红、欧甸丘：《约2000家上市公司推出现金分红 A股"红包季"如何真正惠及股民？》，新华网，2015年6月3日。
④ 刘田：《A股分红怪圈：分红公司增加股利支付率却逐年下降》，《第一财经日报》2013年7月6日。

仅有30余家公司的分红预案中没有现金股利。① 深市上市公司分红金额最高的行业分别是电气机械和器材制造业、房地产和计算机、通信和其他电子设备制造业，沪市现金分红最多的行业是制造业、金融业和采矿业，分红金额高的公司也多是业内领先和市场占有率高且稳定的大型上市公司，例如深市的格力电器、沪市的工商银行、贵州茅台等，战略新兴产业上市公司分红比重则较低。② 这也和前文中所述的倾向分配股息和分配大额股息的公司的情况一致。

此外，截至2014年，A股上市公司中曾有90余家上市公司在连续十年左右时间都未以现金形式对股东分红，这其中还包括一些经营状况良好并且有稳定盈余的上市公司。③ 更有甚者，2002—2011年，A股市场有7家上市公司累计超过十年连续盈利却没有向股东发放股息，公司名单如表3-1所示。这也从一个侧面反映了我国A股上市公司的内外部治理机制效果不佳。

表3-1　　　　　　　持续不分配现金股利的公司

证券代码	证券简称	2002—2011年归属母公司股东的净利润累计金额（万元）	首发上市日期	连续不分红年数
000915	山大华特	25465.55	1999年6月	13
000567	海德股份	14460.35	1994年5月	17
600605	汇通能源	14328.57	1992年3月	13
600696	多伦股份	13014.78	1993年12月	14
600061	中纺投资	9474.13	1997年5月	10
600848	自仪股份	7179.51	1994年3月	14
600679	金山开发	5242.79	1993年10月	10

资料来源：张焕平：《连续10年盈利却不分红的7家上市公司》，财新网，2012年5月8日。

---

① 《去年75家公司分红比例超100%　冀中能源高居榜首》，网易财经，2015年4月29日。

② 武卫红、欧甸丘：《约2000家上市公司推出现金分红　A股"红包季"如何真正惠及股民？》，新华网，2015年6月3日。

③ 张忠安：《A股平均现金分红依然偏低　92家公司做"铁公鸡"逾十年》，《广州日报》2014年4月1日。

第三节　股票股利

一　股票股利的发放及其影响

（一）发放缘由

上市公司另一种主要的分配形式是股票股利。股票股利，是指上市公司通过增加发行新的股票的方式来支付股利，通常称为"红股"。与通过现金形式支付股利不同，支付股票股利不会造成公司的资金外流，只是将公司的留存收益转化为股本，从而使公司可以保留盈余以应对未来的投资机会和因突发事件造成的资金需求。支付股票股利后，公司的总股本会增加，从而会降低每股收益和股票价格。但是，由于每位股东持有的股票都以相同比例增加，支付股票股利不会改变公司的资本结构和公司的实际控制权。上市公司支付股票股利后，由于每股市价降低，从而能一定程度刺激股票的交易和流通，并扩大了每股市价未来的成长空间。此外，由于没有造成公司资金的外流，上市公司支付股票股利还可以向市场传递一个信息，即公司保留的盈余可以追加投资从而使得未来维持增长的概率较高，这可以在一定程度上增加投资者对公司的信心。再者，由于我国目前对投资者在股票市场获得资本利得（也就是股票价格上升给投资者带来的收益）并不扣缴税费，未来公司股价如果保持上升势头，那么投资者将因此受益更多。

（二）产生的影响

分配股票股利不会产生现金的流出，可以让上市公司维持较高的资金量来应对未来的投资机会。因此，投资机会多、成长性高的上市公司更愿意支付股票股利。[1] 从上市公司发布的报告也可以看

---

[1] Anderson, H. D., Chi, J., Ingaram, C. and Liang, L., "Stock Dividend Puzzles in China", *Journal of the Asia Pacific Economy*, Vol. 16, No. 3, 2011, pp. 422–447.

到上市公司支付股票股利时往往希望传递一个公司未来有良好发展前景的信息。不论是股票股利还是现金股利的分配，都受上市公司的盈利能力的限制，在其他条件相同的情况下，资产负债率高的上市公司更倾向于支付股票股利，而资产负债率低的公司则倾向于支付现金股利。[①] 公司产权性质和股权结构也是影响上市公司支付股票股利的重要因素，在股权分置改革之前上市公司存在大量非流通股时，与国有股和法人股股东相比，流通股和中小股股东更偏好获得股票股利。[②] 主要原因在于内外部股东获得股票股利的收益率差别较大，国有股和法人股股东持有的股票在股改前基本上都是非流通股，获得的股票股利也不能在二级市场流通。由于支付股票股利还会显著降低上市公司的股票价格，降低后的价格能增加公司股票对外部投资者的吸引力，有可能吸引更多的投资者持有公司股票。此外，还有研究发现，我国支付股票股利的上市公司的股票有较大概率在短期内获得正向的超额收益，即股价有较大概率持续上涨。[③]

虽然股票股利在帮助上市公司保留盈余以及对提高公司股票流通性上有一定正面效应，但是，在我国上市公司总体治理水平不高和大股东侵占行为屡见不鲜的情况下，大部分投资者还是希望上市公司能以现金形式发放股利。对于机构投资者而言，由于其对上市公司的持股数量庞大，上市公司发放股票股利会继续增加其持有的股票数量，这会在一定程度上增加其抛售持有股份的难度和交易成本。此外，如果股票市场整体的增长势头良好，或者简单地说，当

[①] 吕长江：《现金股利与股票股利的比较分析》，《经济管理》2002 年第 8 期。

[②] 魏刚：《中国上市公司股票股利的实证分析》，《证券市场导报》2000 年第 11 期。Cheng, L. T. W., Fung, H. G. and Leung, T. Y., "Dividend Preference of Tradable – share and Non – tradable – share Holders in Mainland China", *Accounting and Finance*, Vol. 49, No. 2, 2009, pp. 291 – 316.

[③] Cheng, L. T. W., Fung, H. G. and Leung, T. Y., "Dividend Preference of Tradable – share and Non – tradable – share Holders in Mainland China", *Accounting and Finance*, Vol. 49, No. 2, 2009, pp. 291 – 316. Anderson, H. D., Chi, J., Ingaram, C. and Liang, L., "Stock Dividend Puzzles in China", *Journal of the Asia Pacific Economy*, Vol. 16, No. 3, 2011, pp. 422 – 447.

市场处于牛市时，由于投资者对股票的需求量较大，上市公司支付股票股利给股东受欢迎的程度会较高。如果市场整体表现不佳或市场处于熊市时，股票股利受欢迎程度则就会打折扣。而我国 A 股市场从成立至今一直保持的快牛慢熊的势态，这也或多或少影响了投资者对获得上市公司支付的股票股利的意愿。因此，总体来说，A 股上市公司在分配利润时选用现金方式或现金和股票混合的方式居多，仅用股票方式支付股利的分配形式占比相对较低。

二 转增股本

（一）何为转增股本

除通过股票股利分配之外，上市公司还有另一种为股东派发股票的形式，即转增股本。转增股本是公司将资本公积转化为注册资本，由于其并没有改变股东的权益却增加了股本规模，因而实际结果类似于发放股票股利。公司支付股票股利的前提是公司需要有盈余，而转增股本则是以资本公积金为基础来增加公司总股本，因此，转增股本不受公司是否可分配利润的限制，理论上说，也不属于对股东的分红回报。

（二）转增股本的资金来源

根据《公司法》第一百二十八条规定，股份有限公司的"股票发行价格可以按票面金额，也可以超过票面金额，但不得低于票面金额"。因此，我国公司在首次公开发行股票时没有折价发行的情况。《公司法》第一百六十八条规定："股份有限公司以超过股票票面金额的发行价格发行股份所得的溢价款……应当列入公司资本公积金。"由于我国股票市场对公司的首次公开发行一直实行的是审批制而非注册制，每年新增上市公司的数量有限，公司的首次公开发行股票都或多或少会出现溢价发行的情况，因此，上市公司不论是否有盈余，都有较多的资本公积金可以用于转增股本。此外，由于转增股本不属于发放红利，因此，对于投资者获得的增加的股票，不论是企业法人股东和自然人股东均不需要扣缴所得税。

三 A 股上市公司的转增股本行为

基于上述规定和原因，我国 A 股上市公司转增股本的行为也较为常见。与派发股票股利相似，上市公司使用资本公积金转增股本也存在着向市场传递公司未来有良好发展前景的信息，在短期内易获得市场追捧。举例来说，创业板上市公司安科瑞（深市代码300286）在 2013 年 12 月 24 日公布每 10 股转增 10 股并派现 4 元的分红预案，其股价在第二天便出现涨停，到 2014 年 2 月 17 日，股价一度由预案公告前 2014 年 12 月 22 日的收盘价 31.91 元上涨至 41.66 元。同样是创业板上市公司佐力药业（深市代码 300181）在 2014 年 1 月 4 日，公告每 10 股转 12 股派 5 元的分配预案后其股价在一个多月的时间内涨幅超过 40%。当然，转增股本是否能刺激公司股价增长并非定论，还要取决于公司自身的经营状况，以及同期市场的整体表现情况。此外，公司长期股价是否因此受益更要看公司未来的持续经营状况是否与其发布的公告中表述一致。

第四章 股票回购

第一节 股票回购行为的起源

股票回购是指上市公司利用现金等方式,从股票市场上购回本公司发行或流通在外的一定数额公司股票的行为。上市公司的股票回购行为最开始流行于美国股票市场,20世纪70年代美国经济开始出现停滞不前的状态,美国总统尼克松对此提出了一系列主张,其中包括限制上市公司向股东派发现金股利。而经济不景气也使上市公司高层管理者对投资的信心不足,于是他们使用现金回购公司股票的方式回报股东。[①] 自此,股票回购开始逐渐成为上市公司的一种常态行为。

其后,美国经济转好后,市场上的公司并购行为开始越发活跃,不断有公司通过并购行为来争夺更高的市场占有率。二级市场是上市公司进行并购的主要途径之一。尤其是当目标公司的股价估值较低时,并购公司可以在未与目标公司股东或管理层沟通的前提下,通过在二级市场集中竞价等形式大量购入目标公司股份从而获得对后者一定的控制权,这种行为即是"恶意收购"。在1980年之后,大量美国公司通过在二级市场上购入其他公司股票的方式企图获得对目标公司的控制权。由于通过股票市场进行恶意收购的行为呈显

[①] 陈雪峰:《美国股票回购理论的历史演变》,《证券市场导报》2002年第8期。

著上升趋势，众多上市公司的股东和高层管理者为避免此情况发生，便开始通过股票回购的方式来维持对公司的控制权。

第二节　我国的股票回购行为

一　股票回购行为的产生及规定

上市公司的股票回购行为最早在我国A股市场出现是在1994年10月，陆家嘴（沪市上市公司，沪市代码600663）以每股2元的价格回购了2亿股以进行国有股减持。随后，股票回购行为在A股市场上开始逐渐增多。证监会出台的《上市公司章程指引》第二十三条规定，公司在下列情况下，可依法收购本公司的股份：（1）减少公司注册资本；（2）与持有本公司股票的其他公司合并；（3）将股份奖励给本公司职工；（4）股东因对股东大会作出的公司合并、分立决议持异议，要求公司收购其股份。此外，证监会于2008年10月9日发布的《关于上市公司以集中竞价交易方式回购股份的补充规定》还规定，上市公司回购股份期间不允许发行股份募集资金。《上市公司章程指引》第二十五条规定，公司以减少公司注册资本为目的的股票回购，应当于收购之日起十日内注销。

二　股票回购行为的动机

（一）股价被低估

如果公司股票回购的目的是减少注册资本，那么股票应在限定日期内注销。股票注销是股份有限公司依照发行程序减少公司的一部分股份。[①] 上市公司选择通过股票回购来注销公司股票，主要有两种原因。第一种原因是公司管理层认为公司股票市价被低估以至于公司股东的权益受到不利影响。而回购部分股份会减少公司在外流通的股票数量而使得每股收益水平提高，并且回购行为还会一定

---

① 如果注销全部股份，那么股份有限公司将会被解散。

程度拉升股价,这些因素都有利于维护股东权益。因此,上市公司的股票回购行为普遍出现在公司的股价处于低位时,尤其是当公司股价比公司之前发行的价格还要低时。以 2016 年 1 月新湖中宝(沪市主板上市公司,沪市代码 600208)的股票回购行为为例,新湖中宝在 2015 年 11 月实施了定向增发,以每股 5.2 元的价格发行 96153.8 万股,共募集资金约 50 亿元。而新湖中宝在 2016 年 2 月 3 日召开临时股东大会审议回购股票的议案,并于 3 月 22 日公告了《回购报告书》,所回购的股份将予以注销,从而减少公司的注册资本。根据新湖中宝 2016 年 6 月 28 日披露的回购情况,截至 6 月 27 日,其已回购股份数量 50032.69 万股,占公司总股本的 5.50%,回购最高价为每股 4.26 元,最低价为每股 3.71 元,支付的总金额为 19.67 亿元。可以看到,新湖中宝 2016 年年初回购股票的价格要显著低于其在 2015 年年末实施的定向增发的每股价格,可谓是高卖低买,对公司来说,是一笔划算的交易。

此外,通过股票回购,上市公司管理层还可以向市场传递一个关于公司股价被低估和公司具有良好发展前景的信号,以刺激公司股价短期内上涨和维护公司形象。从实证研究的角度也有学者发现,A 股上市公司所发布的股票回购的公告总体上会带来短期的正向累计超额收益率。[1]

(二)避免恶意收购

上市公司回购股票的第二种主要原因是避免恶意收购。在 2015 年开始的"宝万"之争中,"宝能系"便是通过此种方式成为了万科的第一大股东,时任万科董事长的王石在多个场合都曾发表声明将"宝能系"的该行为认定为"恶意收购"。[2]"恶意收购"是通过二级市场举牌购入目标公司股份,这种收购方式并未违反相关的法

---

[1] 何瑛、黄洁、李娇:《中国上市公司股份回购的经济后果研究——来自 A 股市场 2005—2013 年的经验数据》,《经济管理》2014 年第 10 期。
[2] 《王石重申 宝能系"恶意收购"为误解致歉》,中国网财经,2016 年 6 月 27 日。

规。但由于并购公司事先没有与目标公司的股东或管理层进行良好的协商，因此，"恶意收购"往往会招致目标公司现有股东或管理层的抵制。为了避免公司成为"恶意收购"的对象，当公司管理层认为公司股价估值持续处于低位时，公司管理层会考虑采用股票回购的方式来减少在外发行股票的数量并拉升股票市值，从而使潜在的并购方难以通过二级市场来完成对公司的"恶意收购"。

（三）回购给予高层管理者的限制性股票

在上市公司的股票回购中，还存在公司回购已经给予高层管理者限制性股票的现象。高层管理者持有的限制性股票通常具有禁售期，在禁售期内限制性股票不能在二级市场进行转让。根据证监会2005年发布的《上市公司股权激励管理办法（试行）》，限制性股票自授予之日起，禁售期不得少于一年。上市公司高层管理者人事调整非常普遍，有的是因为高层管理者业绩不佳，有的则是高层管理者另谋他就。如果上市公司高层管理者持有未被解锁的限制性股票但其已不在公司任职，上市公司会考虑回购这些离职高层管理者手中持有的未被解锁的限制性股票。为了确保上市公司具有在高层管理者去职时回购未被解锁的限制性股票的权利，上市公司通常在给予高层管理者限制性股票期权时对股票回购做出相关规定，包括回购价格的确定方式。

以国民技术（深市创业板上市公司，深市代码300077）在2016年施行的股票回购方案为例，国民技术于2016年2月29日召开董事会会议并通过了回购注销部分已授予限制性股票的议案，议案内容是回购注销3名因个人原因离职的股权激励对象的已获授但未解锁的限制性股票合计14万股，回购价格为授予价格16.025元/股；由于国民技术2015年度权益分派，这些限制性股票数量调整为28万股，故回购价格最终为7.9625元/股。

（四）国有股减持

1. 起因及早期的国有股减持

在A股市场成立初期，我国上市公司的股票回购行为中还存在国有上市公司采用股票回购来达到国有股减持目的之现象。例如，在前文中提到的陆家嘴在1994年实施股票回购计划。从改革开放之初，中央政府一直在推行国有企业改革，其中一项重要的内容便是国有股减持，目的是实现"政企分开"并改变国有企业运行机制，以达到让国有企业能充分适应市场经济运行模式的目的。

　　国有股减持中的方式之一便是通过股票回购降低政府持股比例。在陆家嘴实施第一次国有上市公司的股票回购计划后，采用该方式进行国有股减持的公司便开始逐渐增多。例如，1999年年底申能股份（沪市上市公司，沪市代码600642）、2000年云天化（沪市上市公司，沪市代码600096）、2000年长春高新（深市主板上市公司，深市代码000661）以国有股回购方式实施减持等。2000年10月9日，根据国务院的解释，国家减持国有股主要有五种途径，这其中就包括股票回购。[①] 随后，在2001年6月12日，国务院正式发布《减持国有股筹集社会保障资金管理暂行办法》（以下简称《暂行办法》），此后国有股减持工作便在官方途径正式启动。

　　2. 后续改革

　　国有股减持工作在官方层面启动后，市场对此措施却持完全相反的态度。《暂行办法》出台不久市场便开始持续低迷，主要原因是市场认为国有股减持实为从上市公司套取资金。因此，在2001年10月22日证监会宣布暂停执行《暂行办法》中第五条关于"国家拥有股份的股份有限公司向公共投资者首次发行和增发股票时，均应按融资额的10%出售国有股"的规定。2002年6月24日，国务院决定，除企业海外发行上市外，对A股上市公司停止执行《暂行办法》中关于利用证券市场减持国有股的规定，正式停止通过国内证券市场减持国有股。通过国有股回购的方式来减持国有股的事件也逐渐在市场上消退。

[①] 《国有股减持一波三折：探索—试点—实施—暂停》，新浪财经专栏，http://finance.sina.com.cn/focus/20ygyg/。

一直到2009年6月19日，财政部、国资委、证监会和全国社保基金理事会才联合出台了《境内证券市场转持部分国有股充实全国社会保障基金实施办法》（以下简称《实施办法》）规定，在境内证券市场首次公开发行股票并上市的含国有股的股份有限公司，除国务院另有规定的，均须按首次公开发行时实际发行股份数量的10%，将股份有限公司部分国有股转由全国社保基金持有，国有股东持股数量少于应转持股份数量的，按实际持股数量转持。此外，新办法还规定，"转由社保基金会持有的境内上市公司国有股，社保基金会承继原国有股东的禁售期义务。对股权分置改革新老划断至本办法颁布前首次公开发行股票并上市的股份有限公司转持的股份，社保基金会在承继原国有股东的法定和自愿承诺禁售期基础上，再将禁售期延长三年"。

2009年出台的《实施办法》与2001年的《暂行办法》相比，将"减持"改为"转持"，本质上是将国有股减持的工作交给了社保基金，并对于减持的期限做了相应的延后，市场依然承接了大量的国有股减持压力。但是，由于2009年的A股市场与2001年相比，在市场容量方面已经有较大变化，并且禁售期的增加也给市场留下了缓冲的余地，对市场整体的影响并不如之前那么大。

三　股票回购的后续影响

（一）股权结构的变化

在公司回购股票并将其注销后，由于公司股票数量出现减少，公司的股权结构也相应发生变化，主要表现在公司股东的持股比例会相应上升。以用友网络（沪市上市公司，沪市代码600588）为例，用友网络在2012年12月4日发布公告，拟以不超过每股11.18元的价格回购公司股份，回购总金额最高不超过2亿元，回购的股份将注销以减少注册资本。公告称回购股票的主要原因在于增加投资者信心和维护公司股价，并将于自股东大会审议通过后六个月内完成回购。根据用友网络在2013年8月10日发布的半年报披露的信息，截至2013年6月30日，其第一至第三大股东的持股比例均有上升,分别由2012年年底的29.31%上升至29.92%,13.39%上升至13.67%和5.18%上升至5.28%。

(二)库存股

如果上市公司回购股票却不将其注销,那么这部分股票就将成为库存股由公司自行保管并做相应账务处理,且库存股不得参与公司利润分配。从理论上说,上市公司回购股票做库存股可以帮公司实现以下两种主要目标。

第一,公司可以将回购的股票作为用于未来奖励公司高层管理者及其他员工,比如预留用于管理层未来执行股票期权时的股票来源。《上市公司章程指引》第二十五条规定,如果上市公司回购股票用于奖励给本公司员工,那么回购股票总数将不能超过已发行股份总额的5%,用于收购的资金应当从公司的税后利润中支出,而所收购的股份应当一年内转让给员工。2015年8月27日,深市中小板上市公司科伦药业(深市代码002422)发布公告,由于市场震荡和公司股价下跌幅度较大,使其股票价格与实际价值出现偏离,因此拟以自有资金不超过10亿元和回购价格不超过13.90元,每股回购股份,而回购的股份暂作为库存股做账务处理。科伦药业在公告发布当日下午其股价便出现涨停。

第二,将库存股作为融资工具,当股票市场整体交易情况向好或公司股价开始稳步上涨时,上市公司可以分批以市场价格将股票出售以获得资金。与未来通过增发等形式进行股权再融资相比,这种方式可以为公司节省一笔不菲的股票发行费用。

此外,库存股还可以用于公司未来发行可转换债券[①]的股票储备,为公司提供多种融资方式。但是,我国相关法律对于公司回购股份的用途有明确规定,即只能用于减少公司注册资本、与持有

[①] 可转换债券是一种在满足特定条件下可以转换为发行公司的股票的债券。

本公司股票的其他公司合并、奖励公司职工、用于股东因对股东大会做出的公司合并、分立决议持异议而要求公司收购其股份，并且对所回购的股份的处置时间也有明确规定。因此，在我国目前的司法背景下，以回购股票形式产生的库存股尚无法用于上市公司未来进行融资。

第五章 股权再融资及资本结构调整

公司在公开发行股票后会继续根据公司的实际经营情况调整公司的资本结构。上市公司调整资本结构的方式主要有配股、增发和借债三类。配股和增发是通过发行新股来进行股权融资，借债则是债务融资。公司的资本结构调整会给公司日常经营、利润分配、承担的风险等方面带来实质性的影响。公司股东、债权人和员工的利益都会受此波及。本章分别对以上三类资本结构调整的方式进行叙述与解释。此外，学术界和业界长久以来一直在探讨公司是否有最优资本结构，如果有最优资本结构那么应该如何界定。本章对此进行探讨。

第一节 配股

一 配股简介

上市公司在IPO之后，将通过发行股票的形式进行再融资的行为主要分为向现有股东配股和向市场增发新股两类。配股可分为非承销配股和承销配股，即由上市公司自己发行和由投资银行承销。配股属于发行新股，发行对象是公司原股东。股东在配股的股权登记日当天收市清算后仍持有股票便自动享有配股权利，无须办理登记手续。中国登记结算公司（以下简称中登公司）会自动登记应有的所有登记在册股东的配股权限。上市公司通过配股来融资时，原股东既可以按配股比例认购新发行的股票，也可以放弃。因此，在总股本增加的情况下，股东数量并没有增加。对于控股股东或大股东不愿意自己持有的股份被上市公司稀释，配股是一种较为理想的股权融资方式。

在配股中，原股东享有配股优先权，可自由选择是否参与配股。如果股东全体参与配售，则持股比例也没有变动。如果部分股东放弃配售（过期不操作），则放弃配售股东持股比例下降，参与配售的股东持股比例上升。在实践中，绝大多数上市公司的配股并不会有100%的股东认购新股，所以，通常来说，配股会在一定程度上改变公司的股权结构。

1960年以前，美国上市公司多采用配股方式进行股权再融资；而1960年以后，多以增发来进行股权再融资。相同的情况也发生在日本，1970年以后，日本的上市公司逐渐采用增发来替代配股进行股权再融资。在1991年我国A股市场引入配股方式帮助上市公司融资后，配股一直是股权再融资中占据主导地位的融资方式。但自2000年增发引入A股市场以来，采用增发方式进行融资的上市公司越来越多，配股行为则越来越少。从世界其他国家地区的资本市场来看，配股依然是一种主要的上市公司股权再融资的工具。

二　配股的要求

（一）收益率要求

由于配股是由原股东出资为公司融资，为了保护股东权益和规范上市公司的配股行为，证监会在2005年之前对上市公司的配股行为设定了较高的门槛。在A股市场成立初期，证监会要求取得配股资格的上市公司符合"净资产收益率连续三年均需达到10%以上"的条件。1999年3月，证监会对上市公司的配股条件做出适当放松，要求上市公司配股资格降低为"净资产收益率连续三年平均达10%以上，但每年的收益率均需超过6%"；取消了每年必须达到10%的要求。2001年3月，证监会再次修改了上市公司的配股资格的约束条件，规定"公司最近三个会计年度加权平均净资产收益率不低于6%"。

然而，证监会2006年5月8日实施的《上市公司证券发行管理办法》①（以下简称《管理办法》）中对于配股不再做关于净资产收益率的要求。对于配股的主要要求包括：（1）连续三年实现盈利；（2）拟配售股份数量不超过本次配售股份前股本总额的30%；（3）控股股东应当在股东大会召开前公开承诺认配股份的数量；（4）采用证券法规定的代销方式发行。此外，如果控股股东不履行认配股份的承诺，或者代销期限届满认购股票的数量未达到拟配售数70%，上市公司应当按照认购金额返还已经认购的股东。

（二）其他要求

由于配股属于发行新股，还受到《公司法》和《证券法》相关法规的限制。《公司法》第一百二十六条规定，股份有限公司的每一股的金额必须相等。《证券法》第十五条规定，股份有限公司对公开发行股票所募集资金须按照招股说明书所列资金用途使用，如要对资金用途进行更改则必须经股东大会作出决议。证监会在2006年发布的《管理办法》中取消了对拟配股上市公司关于净资产收益率的影响后，上市公司的配股的条件限制与之前相比就宽松了许多。

然而，证监会取消此方面的规定后并进行大规模面向社会公众的宣传，从而导致了一些"乌龙"事件的产生。证监会2012年3月7日晚间公告，宣布审核了太极实业（沪市上市公司，沪市代码600667）的配股申请，后者的申请获得通过。太极实业的配股获得资金主要用于偿还有息债务。在5月25日太极实业的股东大会上，其一名小股东向公司董事会和监事会出具了一份书面材料，质疑太极实业的配股融资有违规情况，质疑的理由是太极实业近三年加权平均净资产收益率达不到"不低于6%"的指标。② 然而，证监会在2006年出台的《管理办法》中已经不再对拟配股的上市公司做

---

① 倪铭娅：《修订上市公司证券发行管理办法》，中证网，2016年4月30日。
② 林志吟：《太极实业配股是否涉嫌违规？》，《信息时报》2012年5月31日。

出关于净资产收益率的强制性指标。2012年10月，太极实业完成了其配股计划，股东认购合计占可配售股份总数的 90.17%，最终融资金额约为 5.7 亿元。从此事件可以看到，我国相关监管部门在投资者教育和警示方面并没有很好地履行责任。在后续上市公司关于配股所发布的公告中，也都不再就其近三年的净资产收益率情况进行说明。

三 配股行为中存在的问题

（一）盈余管理和业绩下滑

由于在 2006 年之前，证监会对配股做出了关于净资产收益率方面的严格要求，为数不少的上市公司为了达到此项要求而采取各种形式的盈余管理行为来人为调整公司的盈余以推高净资产收益率。从实证研究的角度出发，很多学者也发现了上市公司在配股之前存在显著的人为操纵盈余的现象。[1] 此外，还有研究发现，进行配股的 A 股上市公司在配股后的业绩普遍出现下降，主要原因就在于公司在配股之前操纵了会计指标；而如果公司在配股后依然有融资计划，还会进一步通过盈余管理来维持高业绩。[2]

更进一步地，还有研究发现，进行配股的 A 股上市公司在配股后还存在控股股东或大股东掏空上市公司的现象，这种现象也会造成公司在配股后的业绩下滑。[3] 这说明虽然《证券法》对于配股资金的使用有明确规定（即通过配股获得融资必须按招股说明书所列资金用途使用，如要更改用途则必须经股东大会作出决议），但不能有效地抑制上市公司控股股东或少数大股东侵占公司资金的行为。这种现象也验证了本书第二章的观点，即我国上市公司治理水

---

[1] Yu, Q., Du, B. and Sun, Q., "Earnings Management at Rights Issues Thresholds—Evidence from China", *Journal of Banking and Finance*, Vol. 30, No. 12, 2006, pp. 3453 - 3468.

[2] 陆正飞、魏涛：《配股后业绩下降：盈余管理后果与真实业绩滑坡》，《会计研究》2006 年第 8 期。

[3] 王良成、陈汉文、向锐：《我国上市公司配股业绩下滑之谜：盈余管理还是掏空?》，《金融研究》2010 年第 10 期。

平尚不能完全发挥效力。

(二) 配股折价率

上市公司的配股中有一项备受投资者关注的核心因素：配股的折价率。由于配股中的新股是向现有股东发行，为了吸引股东为公司继续提供资金，上市公司配股时通常会为股东提供一定的折扣，这便是配股的折价率。上市公司的配股预案公布到开始实施一般有数月时间，如果预案中拟定的认购价较低，外部投资者会有意愿通过成为公司股东来参与以较低折扣率进行的配股，从而造成公司股票在二级市场上出现较大的需求。

例如，片仔癀（沪市上市公司，沪市代码600436）在2013年实施的配股。片仔癀于2012年6月宣布其配股计划以筹集资金扩大生产经营，2013年6月17日正式发布配股公告，按每10股配1.5股的比例向全体股东配售股份共计2100万股，而配股价格为每股37.14元，计划扣除发行费用后募集资金净额不超过7.8亿元，其配股的股权登记截止日为2013年6月20日。在2012年6月提出配股计划后，片仔癀的股价便持续上涨，直到股权登记日前，片仔癀的股价已经涨到约每股140元；主要原因便是片仔癀的配股认购价格非常低，也就是说，其配股的折价率非常高，这种高折价率带来了二级市场上投资者对其股票的热捧。

由于上市公司的配股是面向全体股东配售，配股之后公司的股价要做相应的除权。除权公式为：配股除权价 =（除权登记日收盘价 + 配股价 × 每股配股比例）÷（1 + 每股配股比例）。因此，如果配股折价率越高（也就是配股认购价越低），除权后的股价也会越低。对于采用高折扣进行配股的上市公司而言，虽然会在一定程度上使其股票在二级市场受到追捧，但在配股完成后其股票也有很大概率会承担较大的空头压力，也就是说，通过高折价率获益的股东有较大可能会在二级市场抛售股票来套现。当然，总体来说，相对于低折价率的配股，高折价率对中小股东要更为有利。中小股东由于持有的表决权有限，如果不抛售持有的股票，又不愿意令持有的股票贬值，只能选择认购新股。高折价率一定程度上会利于保障中小股东的利益，并且也有研究发现，高折价率和配股后的公司股价的收益率有正向关系。①

（三）大股东参与

上文曾提到证监会对配股的要求之一是控股股东必须参与配股，而且认购股票的数量需达到拟配售数的70%。如此项要求未达到，则公司配股将宣告失败。因此，配股融资与其他融资方式最大的不同在于为了完成配股，上市公司的控股股东及其他大股东基本上都要参与配股。我国上市公司的股权结构集中度高，控股股东或少数大股东对公司有着外部投资者难以撼动的控制权。在这种背景下，上市公司的控股股东和大股东对继续提供资金为公司融资的热情并不高。

因此，在2000年增发开始正式引入A股市场之后，上市公司的配股行为就逐渐减少。从表5-1可以看到，自2010年1月1日至2015年12月31日，只有78家A股上市公司总共进行了80次配股，其中，深市主板上市公司16家，中小板上市公司19家，创业板上市公司2家，沪市主板上市公司41家。从年度数据来看，上市公司的配股行为也不多，过去6年间只有2010年和2014年达到了20次，2012年只有7次。

表5-1　　　　　　　A股上市公司配股数量统计

上市公司类型	公司数量
深市主板上市公司	16
沪市主板上市公司	41
中小板上市公司	19

---

① 李康、杨兴君、杨雄：《配股和增发的相关者利益分析和政策研究》，《经济研究》2003年第3期。

何德旭、饶明：《配股融资、市场反应与投资者收益》，《金融研究》2011年第12期。

续表

上市公司类型	公司数量
创业板上市公司	2
总数	78

年份	配股次数
2010	20
2011	13
2012	7
2013	12
2014	20
2015	8
总数	80

资料来源：东方财富网。

第二节 增发

一 增发概述

（一）增发简介

增发是股票增发的简称，也是一种已经上市的公司的股权再融资行为。增发和配股都属于发行新股，但配股是向原股东配售，而增发面对的投资者则不一定是原股东，增发时未持有本公司股份的投资者也可以参与。因此，增发会在一定程度上造成上市公司财富重新分配的现象，对上市公司的股权结构也会产生较大影响，甚至改变公司的实际控制人。更进一步地，当上市公司的实际控制人在增发后发生变化时，公司管理当局也有较大可能随之调整或更替。因此，通过增发进行股权再融资比通过配股来融资更有可能对公司产生实质性影响。

上市公司完成增发后，在总股本增加的同时，股东数量通常也会增加，而增发后的原股东持股比例取决于其认购的新股数量。上市公司通过增发来进行股权融资时，增发对象既可以是全体社会公众，也可以是特定投资者。因此，按照增发对象的类型，可以将上市公司的增发行为分为公开增发和定向增发。这两种形式的增发行为在资金的募集方式和对上市公司的股权结构产生的影响等方面有较大差距。基于此，证监会等监管机构对两种类型的增发行为的要求也不尽相同。

(二) 增发要求

2000年证监会发布《上市公司向社会公开募集股份暂行办法》中首次明确了上市公司进行股票增发的条件及要求，随后增发便开始逐渐被上市公司用来进行股权再融资。该办法在2001年3月28日因被证监会发布的《上市公司新股发行管理办法》替代而废止。同年3月15日，证监会还出台了《关于做好上市公司新股发行工作的通知》，对配股和增发做出了更详细的要求，其中，关于增发的要求包括拟增发的公司最近三个会计年度加权平均净资产收益率不低于6%，且预测本次发行完成当年加权平均净资产收益率不低于6%。

随后证监会又多次对增发条件进行过调整，最近一次调整是证监会从2006年5月8日起实施的《上市公司证券发行管理办法》（以下简称《管理办法》）。《管理办法》取消了对拟配股的上市公司在净资产收益率方面的要求，但是，《管理办法》却依然保留了对拟增发的上市公司在此方面的要求。相关要求包括：（1）连续三年实现盈利；（2）拟进行股票增发的上市公司其最近三个会计年度加权平均净资产收益率不低于6%，且扣除非经常性损益后的净利润与扣除前的净利润相比，以低者作为加权平均净资产收益率的计算依据；（3）除金融类上市公司外，其他上市公司最近一期末不存在持有金额较大的交易性金融资产和可供出售的金融资产、借予他人款项、委托理财等财务性投资的情形；（4）发行价格应不低于公告招股意向书前二十个交易日公司股票均价或前一个交易日的均价。简单地说,上述规定就是拟增发的上市公司需要有较好的盈利能力的同时不能有较多的金融资产,并且增发价格的折价率需要有一定的限制。其意义在于保护拟增发上市公司原股东的利益,并且将股权再融资的资源尽量配置于经营状况较好的公司。由此可见,证监会对增发的要求较配股而言要更为严格。

值得注意的是,在上述证监会对增发设定的与净资产收益率有关的要求针对的都是"向全体社会公众发售股票"或"向不特定对象公开募集股份"(如《管理办法》所述),即只有公开增发,才需要满足对净资产收益率的要求。而对于定向增发,也就是上市公司只面向少数投资者进行非公开的股份发行,《管理办法》的主要要求包括:(1)发行对象不超过10名;(2)发行价格不低于定价基准日前20个交易日公司股票均价的90%;(3)增发结束之日后12个月内不得转让,控股股东、实际控制人及其控制的企业认购的股份则在36个月内不得转让。证监会对定向增发不仅没有设定净资产收益率的门槛,还不需要拟进行定向增发的上市公司满足连续三个会计年度实现盈利的要求。因此,将定向增发、公开增发和配股三种股权再融资行为进行比较,证监会对公开增发要求最为严格,配股次之,而定向增发最为宽松。

二 公开增发

顾名思义,公开增发是面向社会大众进行股票增发,凡有人民币普通股股票账户(即A股股票账户)的投资者都可以参与上市公司的公开增发并进行股票认购。根据当前监管机构的规定,公开增发是几类股权再融资方式中要求最严格的方式。证监会如此要求是很好理解的,因为公开增发面向的投资者最为广泛,公司原股东、境内个人投资者、机构投资者(境外机构投资者也可参与,但须经监管机构审批)都可以参与认购。

由于公开增发业绩门槛高,上市公司如果要进行公开增发则必须在连续盈利和净资产收益率等方面达到较高的水平,才可以通过证监会的审核。因此,进行公开增发的上市公司中也存在通过盈余管理等手段来操纵公司会计指标以满足证监会要求的行为。与公开增发相关的学术研究也多集中在探讨上市公司在公开增发前的业绩操纵行为。从目前的文献情况来看，研究结论较为接近，都认为有为数不少的上市公司在公开增发前存在通过盈余管理来推高公司业绩的行为。[①] 由于公开增发的门槛较高造成上市公司通过此渠道"圈钱"的难度太大，采用公开增发进行股权再融资的 A 股上市公司数量非常之少。2011—2014 年，总共只有 22 家上市公司完成了 22 次公开增发，其中，沪市主板上市公司 8 家，中小板上市公司 7 家，深市主板上市公司 7 家。2015 年没有一项 A 股上市公司的公开增发行为出现。[②]

三　定向增发

（一）定向增发的方式

定向增发也称为非公开增发，是针对少数特定投资者进行股权再融资的方式。上文曾提到《管理办法》对定向增发的投资者数量的要求是发行对象不超过 10 名，因此，定向增发面向的主要对象是机构投资者、企业法人和上市公司自然人股东。由于监管机构并未对拟采用定向增发进行融资的上市公司在持续盈利和净资产收益率方面有所要求，也就是说，亏损的公司也可以进行定向增发，所以，定向增发在近十几年中广泛地被上市公司用来进行股权再融资。此外，参与 A 股上市公司进行定向增发的投资者并不一定需要以现金的方式来认购股票，其通过注入资产来换取上市公司新发行的股份也是一种常见的定向增发方式。

（二）定向增发的目的

上市公司进行定向增发的主要目的有三种。具体阐述如下：

1. 引入战略投资者

上市公司进行定向增发的第一种目的是通过定向增发引入战略

[①] 李晓溪、刘静、王克敏：《公开增发公司分类转移与核心盈余异象研究》，《会计研究》2015 年第 7 期。

[②] 《东方财富网的增发股一览》，http://data.eastmoney.com/other/gkzf.html。

投资者。如果没有定向增发，外部投资者如果想成为上市公司大股东只能通过在二级市场举牌来购入公司发行在外的股份，或者通过要约的形式从公司现有股东手中购入股份。但这两种股份转让形式中，用于购买股份的资金只是从新股东口袋进入原股东口袋，上市公司并没有直接从中获益。

以"宝万之争"为例，"宝能系"2015年成为万科第一大股东的方式便是通过在二级市场进行竞价交易来收购万科股份。万科在2016年6月17日董事会会议中提出的重组方案便是希望通过定向增发股份的方式引入深圳地铁集团有限公司，并使后者通过此次定向增发成为万科的第一大股东。

2. 控股股东增持上市公司股份

上市公司进行定向增发的第二种目的是让公司控股股东或大股东通过注入资产的形式来增持上市公司股份，一方面帮助上市公司获得更多优质资源；另一方面可以让控股股东持有的除上市公司股份之外的资产获得市场化估值的溢价，并且巩固其控股股东地位。由于在这种行为中的参与方是公司现有股东，这种形式的定向增发事实上属于关联交易。关联交易对上市公司并非是坏事，但在这种形式的定向增发中公司是否受益要取决于控股股东或大股东注入的资产的实际价值之高低。如果股东向公司注入优质资产，那么上市公司受益的可能性较大。

通过定向增发的形式让控股股东注资或引入战略投资者的方式还经常被ST股[①]上市公司用来"摘帽"。以方大炭素为例（沪市主板上市公司，沪市代码600516）为例。方大炭素之前名为海龙科技，2002年8月在上交所上市，2004年、2005年连续亏损被上交所做ST处理，2006年未实现扭亏为盈后被上交所做*ST处理。

---

① 所谓ST股，指的是被沪深交易所进行股票交易特别处理的上市公司。上市公司一旦连续两年出现亏损、股东权益低于注册资本等财务异常情况，交易所便会对其股票交易进行特别处理，以此向投资者做出风险警示。ST股每天涨跌幅会被限制在5%之内。如果上市公司继续出现亏损而被交易所实行退市风险警示，则其股票前会被加注*ST。

2006年9月，辽宁方大集团收购兰州炭素集团有限责任公司所持海龙科技公司51.62%的法人股，并将ST海龙科技更名为ST方大。ST方大在2007年9月做出定向增发的预案公告，拟面向控股股东辽宁方大集团和少数机构投资者发行价格为每股9.67元的股票，其中，ST方大的控股股东辽宁方大集团拟以所持的抚顺莱河矿业有限公司97.99%的股权（资产评估结果为12.06亿元）认购不超过1.25亿股股份。在经过方大集团对ST方大的一系列资产注入后，ST方大在2008年3月成功"摘帽"，更名为方大炭素，并且在2008年还实现了上市以来的第一次分红。

由于定向增发对上市公司的盈利并没有要求，故通过定向增发让控股股东注入优质资产或引入战略投资者的方式来扭亏为盈的上市公司比比皆是。当然，如果控股股东注入的资产价值不高则会造成截然相反的效果。由于A股上市公司股权集中度高而且中小股东持股尤其分散，中小股东在公司进行定向增发中并无太多话语权，假设控股股东或少数大股东通过定向增发向上市公司注入不良资产并进一步稀释中小股东的股权，那么这种情况下的定向增发通常会招致市场的反感，从而使公司增发后的股价承受较大下行压力。

以靖远煤电（深市主板上市公司，深市代码000552）为例。靖远煤电在2012年5月3日发布关于定向增发的公告，其内容是其拟以16.36元每股价格，向控股股东靖煤集团发行约1.8亿股公司股份用于购买后者持有的与煤炭相关的各项业务。但母公司注入的5座矿井中有2座矿井的服务年限已不足3年，价值已经很小且有可能会带来经营风险。[①] 因此，这次定向增发便被媒体和投资者质疑为控股股东把不良资产注入上市公司以侵占中小股东利益。

3. 公司经营战略需要

上市公司进行定向增发的第三种目的是通过定向增发进行融资

---

① 胡仁芳：《2座矿井服务年限不足3年　靖远煤电大股东注入不良资产被质疑》，《证券日报》2012年5月3日。

以偿还债务、扩大投资或对其他目标公司进行收购。上市公司在上市后的继续发展和扩张过程中，经常会使用并购的方式来获得对其他公司的控制权，从而在较短时间内占有更高的市场份额，提升自身的专业技术能力。比如，2014年联想并购摩托罗拉获得了摩托罗拉的商标使用权和2000多项专利，以及一部分的市场份额①，再比如，2016年京东并购1号店等。然而，并购对资金的要求是很高的，因此，在上述两项并购中，联想支付给摩托罗拉的是以股票和现金结合的方式，而京东则是全部以股票的形式完成的并购。② 如果被并购方并不愿意接受并购方以股票的形式支付对价，那么并购方要完成并购就需要承担很大的资金压力。而由于实施定向增发的门槛较低，对于上市公司来说，可以在较短时间内获得大量股权融资，它们可以在不需要进一步提高财务杠杆的情况下完成对标的公司的并购，从而实现融资与投资同时进行。

（三）定向增发的定价

1. 新股发行价格

定向增发由于是面向特定投资者发行股份进行融资，故其他中小投资者无法实质性地参与其中。因此，定向增发的定价高低非常关键，定价得当会使上市公司和中小股东都从中受益，如果定价不当则会令参与定向增发的大股东或投资者获得不正当的收益从而造成侵占中小股东权益的结果。配股和公开增发中原股东和新股东主要是采用现金方式进行新股认购，而公开增发由于是面向特定投资者，投资者认购方式可以采用资产注入的方式换取新发行的股份，因此在定向增发中的定价涉及两个方面的定价。第一种价格是定向增发中新发行股票的每股价格。《管理办法》对于定向增发中股票的发行价格规定，不能低于定价基准日前20个交易日公司股票均价的90%，所以，新发行股票的每股价格有章可循，相对比较容易分

---

① 《联想收购摩托罗拉 29亿美元究竟买到了什么》，天极网，2014年1月30日。
② 杨尚智：《京东与沃尔玛达成战略合作：出让5%股份接手1号店》，《华西都市报》2016年6月21日。

辨该价格是否合理或者符合监管机构要求。但是，《管理办法》中设定的不低于定价基准日前20个交易日公司股票均价的90%的规定依然给了上市公司一定的定向增发价格的操作空间。由于内、外部投资者对公司的信息了解程度不同，这种信息不对称会造成当公司定向增发的对象是公司外部人（非公司原股东）时，外部投资者会要求相对更高一些的折价率来补偿其因对公司信息掌握不足和搜寻信息产生的成本。

此外，《管理办法》规定，认购新股投资者在增发结束之日后12个月内不得转让，而控股股东、实际控制人及其控制的企业认购的股份则在36个月内不得转让。这使关联股东认购定向增发发行的新股的流动性要低于非关联股东认购的新股的流动性。从这个角度分析，关联股东为主要认购方时，定向增发的折价率应该更高。然而，实际情况却并非完全如此。从实证研究角度出发，有相关研究检验了定向增发中投资者身份与折价率的关系，发现当参与定向增发的投资者是关联股东时，定向增发的折价率却更低一些。[①] 究其原因，当关联投资者认购定向增发发行的新股时，往往是通过注入资产的方式进行的。关联股东注入的资产又通常是其控股的其他非上市公司的权益或资产，这些权益或资产在定向增发完成后摇身一变成为上市公司的股份；虽然在短期内不能流动，但是，过了36个月的解禁期便可以作为流动股在二级市场流通。这种从非上市公司资产转变为上市公司权益带来的流动性的价值便是造成关联股东认购时定向增发的折价率反而更低的原因之一。[②]

2. 股东注入的资产的价值判定

定向增发定价的另一个部分便是当控股股东、实际控制人及其控制的企业通过资产注入形式参与认购时所注入的资产的价值的判定，并且该部分定价中具有更多的主观性特征。由于在实际情况

[①] 章卫东、李德忠：《定向增发新股折扣率的影响因素及其与公司短期股价关系的实证研究——来自中国上市公司的经验证据》，《会计研究》2008年第9期。

[②] 同上。

中，关联股东注入的资产通常是其控股的其他非上市公司的权益或资产，而这些权益或资产因为之前无法获得市场估值导致其价值认定中有较大的可操作空间。这些权益和资产的公允价值究竟几何，按照每股净资产来计价还是可以有一定的溢价，如果有溢价则溢价水平又该如何确定，这些因素都会直接影响上市公司其他股东的利益。而由于前文提到的我国A股上市公司股权集中度高，而且中小投资者持股比例分散难以在股东大会上对控股股东形成制约，控股股东所注入的资产的价值界定便主要由控股股东及上市公司管理当局把控。

此外，在我国A股上市公司定向增发中，还存在控股股东注入的资产与上市公司主营业务不相符的情况，从长期来看，这也会显著且负面地影响定向增发完成后中小股东的价值。从实证研究的角度也有相关文献发现，当控股股东注入资产与上市公司业务相关度高时，这种定向增发所产生的长期持有超额收益率要更高一些。①

（四）A股上市公司的定向增发统计

根据Wind的统计，2013年共有263家A股上市公司实施了定向增发方案，累计增发数量522.07亿股，募集资金规模达3463.65亿元。2014年共有427家上市公司在2014年实施了定向增发，实际募集资金达到6690.26亿元；2015年继续增加，共有586家上市公司完成定向增发，规模更是超过1万亿元人民币，实际募集资金为12174亿元。由以上数据可以看到，定向增发已经成为A股上市公司通过股权融资来募集资金的首选方式。从目前情况来看，定向增发中还存在诸多问题，包括控股股东及其他关联股东注入资产良莠不齐、内外部投资者信息不对称等。因此，包括证监会在内的监管机构未来还应加大对定向增发中关于定价、注入资产价值评估、定向增发资金用途等方面的监管，继续深化对中小投资者权益的保护。

---

① 章卫东、李海川：《定向增发新股、资产注入类型与上市公司绩效的关系——来自中国证券市场的经验证据》，《会计研究》2010年第3期。

四 债务调整

在实际经营中，公司（尤其是上市公司）都会存在通过借债来募集资金的情况。公司的债务主要来源于三类需求或行为，分别是应对战略性投资的需求、应对短期现金不足的需求和日常经营活动中产生的应付项目。公司债务不仅仅只有银行贷款，还包括公司发行的债券、应付账款、未付款的采购等。从偿还时间来看，公司债务还可以分为长期债务和短期债务。在会计分录中，长期债务是指期限超过一年的债务；短期债务是指期限少于一年的债务，并在资产负债表中列入短期负债栏目。长期债务通常数额较大，其本金的偿还有一个积累过程，且与公司的盈利能力密切相关。公司长期债务数额大小直接影响到公司资本结构的合理性以及导致公司面临严峻的财务风险。因此，公司在制定长期债务的规划时不仅要从能否偿还本息角度考虑，还要从能否令公司维持良好的资本结构角度出发制定相应决策。公司长期负债主要来源是银行贷款和公司发行的一年期以上的债券。短期债务又称为流动负债，主要是指公司为满足临时性流动资产周转需要而进行的偿还期在一年之内的债务融资，具有融资速度快、灵活性强、成本低但风险大的特征。公司的短期负债包括应付账款、未付款的采购、短期商业票据等。一般来说，短期负债不需要提供抵押品，以无担保的信用方式融资为主。

长期负债的本息偿还比较稳定，不会在短期内造成急迫的资金需求；其融资金额也通常较高，会帮助公司有效捕捉未来的投资机会。而且由于长期负债产生的利息开支能让公司获得抵减税费的作用，因此可以让股东在不继续对公司投入资金的情况下来扩大公司生产经营并获得更可观的收益。但是，长期负债未来持续的还本付息会给公司带来一定负担，并且债权人在签订债务协议时还经常会对资金的使用设定一些限制。此外，由于长期负债通常数额较大，负债公司未来必须要有良好的财务规划和维持稳定的经营局面，否则将面临破产风险。短期负债较长期负债更为灵活，主要来源都是公司以信用为基础筹得的资金，其使用限制也较小，对公司短期资金周转有较大帮助。然而，短期负债却需要公司在未来很短的期限内还本付息，如果公司资金规划不当，即使金额不大的短期负债也有可能令公司出现无法兑付的情况。公司从创建、扩张到维持稳定的经营，在不同阶段对筹资活动会有不同形式的需求。公司应根据内外环境的变化，适时采取调整企业资本结构的策略，并制定长远的财务规划，有机结合使用长、短期债务，以达到相对优化的资本结构并且高效使用资金。

五　最优资本结构

（一）资本结构理论

莫迪格利亚尼和米勒（1958）[1]认为，在一系列假设情况下，公司的资本结构与市场价值之间是不相关的。该结论被称为MM理论。MM理论由于有一系列假设，包括资本市场是完善的、信息是充分且完全的、没有交易费用、没有税收等。这些条件在现实情况中并不存在，所以，在随后几十年里，不断有学者进行了在放松前提假设的情况下研究公司的资本结构的主要影响因素。例如，提出MM理论的莫迪格利亚尼和米勒在1963年进一步发展了考虑税收情况下的"公司融资权衡理论"[2]，认为由于公司的债务融资所产生的利息可以抵减税费，而股利和留存收益则不行，因此公司通过用债务替代权益来增加公司的总现金流量并提高公司价值。巴克斯特（Baxter，1967）进一步将MM理论的基本假设放宽并把破产成本因素引入对资本结构的研究，他认为，过多的负债会导致企业加权融资成本增多，因此，破产成本的增加将抵消掉债务税收屏蔽效应所带来的益处。更进一步地，罗比切克和迈尔斯（Robicheck and Myers，1966）[3]等认为，负债虽然有税盾效应，但也会增加企

---

[1] Modigliani, F. and M. Miller, "The Cost of Capital, Corporation Finance and the Theory of Investment", *American Economic Review*, Vol. 48, 1958, pp. 261–297.

[2] Modigliani, F. and M. Miller, "Corporate Income Taxes and the Cost of Capital: A Correction", *American Economic Review*, Vol. 53, 1963, pp. 433–443.

[3] Robicheck, A. A. and Myers, S. C., "Problems in the Theory of Optimal Capital Structure", *Journal of Financial & Quantitative Analysis*, Vol. 1, No. 2, 1966, pp. 1–35.

业破产的风险。所以,税盾效应与破产成本存在一种均衡,即税收抵减的边际收益等于因债务导致破产的边际成本时,资本结构处于最优水平。

詹森和梅克林(1976)[①]将公司治理引入公司资本结构理论,开始提出资本结构契约理论;该理论在之后也逐渐得以发展,其主要观点是资本结构会影响公司控制权和公司的代理成本,从而影响公司价值,因此公司的最优资本结构应该是代理成本最小时的资本结构。罗斯(Ross,1977)[②]在詹森和梅克林研究结论的基础上引入信息不对称因素,认为公司管理层比投资者掌握更多公司的信息,因此,公司资本结构的选择会向投资者传递公司内部信息,而投资者可以基于这些信息来评价公司价值并制定投资策略。此外,上文中也曾引述迈尔斯和Majluf(1984)[③]、迈尔斯(1984)[④]等提出的在考虑引入信息不对称情况下的"啄食顺序"理论,即公司的融资顺序应该首先选择内源融资,然后才是外源融资;而外源融资中则是债务融资优先于股权融资。

(二)影响公司资本结构的因素

1. 公司股权和管理当局特征

上述研究只是过去几十年间与公司资本结构相关研究的部分代表,还有其他大量研究对公司是否有最优资本结构进行分析。但由于公司破产成本、信息不对称性等因素难以精确度量,究竟如何准确判定在实际情况下公司的最优资本结构是非常困难的。因此,近

[①] Jensen, M. C. and Meckling, W. H. , "Theory of the Firm: Managerial Behavior, Agency Costs and Ownership Structure", *Journal of Financial Economics*, Vol. 3, 1976, pp. 305 – 360.

[②] Ross, S. A. , "The Determination of Financial Structure: The Incentive Signalling Approach", *Bell Journal of Economics*, Vol. 8, 1977, pp. 23 – 40.

[③] Myers, S. C. and Majluf, N. S. , "Corporate Financing and Investment Decisions When Firms Have Information That Investors Do Not Have", *Journal of Financial Economics*, Vol. 13, 1984, pp. 187 – 222.

[④] Myers, S. C. , "The Capital Structure Puzzle", *Journal of Finance*, Vol. 39, 1984, pp. 575 – 592.

年来的研究开始从确定"最优资本结构"逐渐转向探讨影响公司资本结构的因素,以及公司管理当局调整公司资本结构的诱因等。影响公司资本结构的因素众多,总体上可以分为三个方面。

第一方面因素是公司的股权和管理当局特征。股权结构的特征主要是指公司的实际控制人类型是国有还是非国有,另外,公司的股权结构是集中还是分散。从我国上市公司的实际情况来看,当控制人类型是政府或国有企业时,由于"软约束"等因素,这种类型的上市公司通常可以较为容易地从银行等金融机构获得债务融资,并且它们获得的银行贷款的利率往往较为优惠。

举例来说,以 2008 年推出的四万亿元计划为例,四万亿元中的大部分资金都流向了国有企业,而中央企业首当其冲。[①] 这种融资便利会显著影响国有上市公司在进行资本结构调整时的决策,当其没有战略需要(如引入战略投资者、国有股减持等)时,会优先考虑以银行贷款等债务融资形式来募集资金。此外,在"软约束"的背景下,即使负债额度已经较高或已经存在实质性的财务风险时,国有上市公司依然可以获得来自政府的多种形式的支持。在这种背景下,对大部分国有企业来说,其资本结构是否处于"合理"或者"最优"水平通常不是其经营决策中的首要目标。

除实际控制人类型外,公司的股权结构也是决定公司资本结构的重要因素。当公司的股权结构高度集中并且公司的财务风险已经偏高时,由于股权融资并不会影响控股股东对公司的控制权,公司进行股权融资的意愿会明显高于通过债务融资来募集资金的意愿。除股东特征外,公司管理当局的特征也会影响公司资本结构。前文曾谈到的詹森和梅克林提出的关于公司治理与资本结构直接的关系,他们认为,公司管理当局会因为追求自身利益的最大化,在公司资本结构选择的过程中往往更偏好于低的负债率,以避免公司出

---

① 吴敬琏:《国有企业当年拿到 4 万亿 不知怎么办 只能投房地产》,凤凰财经网,2014 年 4 月 21 日。

现财务风险或公司破产时对自身带来的不利影响。

2. 公司自身的财务情况

影响公司资本结构调整的第二方面因素是公司自身的财务及其他特征。当公司自身的财务风险已经较高时,不论是股东还是管理当局都会有较大意愿通过股权融资的方式来凑集资金,并调整公司财务结构以避免公司破产。对于处于高速发展时期的公司来说,它们通常会有更为强烈的融资需求。由于这些类型公司的发展前景较好,它们的市场价值通常具有潜在的高增长性,其股东价值在未来也有较大可能维持上升趋势。因此,在其他条件不变的情况下,除非这一类公司发行股票的溢价率非常之高,它们通过债务融资来募集资金的意愿通常会高于股权融资。

3. 宏观因素

影响公司资本结构的第三方面因素主要来自宏观层面,包括公司所在行业的整体发展情况以及来自政府监管层面的影响等。处于不同行业的公司,其资产负债率通常会有很大差异。以我国上市公司为例,根据 Wind 提供的数据,在 2013 年有色金属行业的资产负债率由 2012 年的 60.81% 降到了 45.65%,主要原因在于,这一时期内有色金属行业整体不景气,所以,大多数的公司都选择较保守的策略。[①] 而房地产行业则呈现完全不同的情况,根据 Wind 发布的数据,2014 年 75 家房地产行业上市公司的平均资产负债率为 74%[②],究其原因,主要在于该行业上市公司在过去几年普遍存在扩展激进的情况。另外,该行业上市公司运营成本中最主要的一项"拿地成本"过高也是造成这种现象的重要因素之一。

从监管层面来说,监管者的主要目的是保障市场的公平和稳定,因此会对上市公司的具体行为做出一系列相应的限制。上文也曾多

[①] 江怡曼:《近 300 家公司资产负债率超"警戒线"》,《第一财经日报》2014 年 4 月 25 日。

[②] 王丽新:《75 家房企负债逾 1.9 万亿元 平均资产负债率达 74%》,《证券日报》2014 年 4 月 7 日。

次提到，为了保障投资者利益，证监会对于拟配股和公开增发的上市公司设定了包括分红和净资产收益率等方面的诸多条件。这会使得上市公司必须要通过一个较高的门槛才可以在市场上公开募集资金。此外，自沪深两市成立至2015年年末，证监会先后九次暂停了IPO，主要目的都是稳定市场维持资金和股票供应的相对均衡。这些措施都会使得公司股权融资受到一定限制，从而考虑通过其他方式融资，并进一步影响公司的资本结构。

（三）目标财务杠杆

虽然影响公司资本结构的因素很多，确定最优资本结构非常困难，但是，很多学者从其他角度做了大量研究来尝试帮助公司确定相对合理的资本结构。从实证研究的角度出发，根据公司自身的财务状况和同行业其他公司的资本结构情况，可以计算出公司的目标财务杠杆。这种方法是采用面板数据[1]并以回归的方式，用公司市值与账面价值比率、固定资产价值、盈余指标、研发投入、销售成本、公司规模、行业效应（部分数据需使用上一期的数值）来预测公司（当期）的目标财务杠杆。[2] 将预测出来的公司目标财务杠杆与公司实际的财务杠杆相比较，如果实际杠杆高于目标财务杠杆，就认为公司的负债比率过高；反之亦然。

当然，这只是一种用计量经济学来评估公司财务杠杆指标的实证研究方法，需要使用大样本数据，主要目的只是帮助研究者判定公司资本结构的合理性。这种方法在应用到个案时并不适用，如果要针对某个特定公司判定其资本结构的合理性，还需要更深入地了解该公司在股权结构、管理层构成、主要财务指标、行业性等方面的具体特征并进行综合分析。

---

[1] 面板数据指在时间序列上取多个截面，在这些截面上同时选取样本观测值所构成的样本数据，所以面板数据有时间序列和截面两个维度。简单地说，在这个例子里面板数据就是包括多个公司在多个年份的数据。

[2] 方法具体可见 Kayhan, A. and Titman, S., "Firms' Histories and Their Capital Structures", *Journal of Financial Economics*, 2007, pp. 1 – 32。

第六章 企业社会责任

第一节 企业社会责任的重要性

企业社会责任（Corporate Social Responsibility，CSR）是指企业在创造利润、对股东承担法律责任之外，还要承担对员工、消费者、社区和环境的责任。企业社会责任是一个综合性的指标，所衡量的是企业在创造财富之外对社会整体发展所提供的支持。企业作为社会的一员，在回报股东之余理应为社会进步做出应有的贡献。这既是一种责任也是其应承担的义务。除此之外，对于财务年度内的社会责任履行情况，企业也应该做出相应的披露。尤其是对于上市公司来说，充分披露相关信息也是对投资者负责的一种表现。近年来，越来越多的企业开始重视社会责任的履行并发布相关方面的公告。根据中国社会科学院企业社会责任研究中心和新华网等机构编著的2014年《中国企业社会责任报告》[①]，中国国有企业社会责任报告数量持续增长，报告发布数量由2013年的1231份增至2014年的1526份，其中大多数发布报告的公司为国有公司和上市公司。

积极承担社会责任可以为企业带来良好的社会声誉和经济效益。2008年5月18日，在由多个部委和央视联合举办的为汶川地震募

---

① 《解读〈白皮书〉：2014年企业社会责任报告八大发现》，新华网，2015年1月15日。

捐晚会上，一亿元的巨额捐款使加多宝集团"一夜成名"，并直接导致集团旗下品牌凉茶当年在全国范围的热销。相反，企业社会责任缺失时也会对其社会声誉和经济效益产生负面影响。2014年7月在媒体曝光肯德基供应商上海福喜食品有限公司使用问题鸡腿事件后，肯德基的销量出现严重下滑现象。2014年10月，肯德基母公司美国百胜餐饮集团公布的2014年第三季度财报显示，其中国市场销售总收入和营业利润分别下跌9.5%和40%。① 另外，根据中国消费者协会2015年3月19日发布的《2014年全国消协组织受理汽车产品投诉情况分析》②，2014年有56个品牌被消费者投诉，其中，上海大众的投诉量最多，达到了863件，投诉量紧随其后的几家车企中包括一汽大众。消费者投诉的增多也导致了当时大众汽车在华销量的一度减少。根据中国汽车工业协会2015年6月4日发布的消息，一汽大众在2015年5月的实际销量较2014年同期下滑19.9%。③《经济参考报》2015年6月4日也发布消息称，2015年大众系的绝大部分车型销售都陷入了衰退，并将此归结为大众对消费者权益的保护不周。④

第二节　我国企业社会责任履行情况

一　自愿发布责任报告

综观我国企业（包括本土企业和在华外资企业）的社会责任承

---

① 吕行：《三季度百胜股价重挫　中国区同店销售额暴减14%》，《第一财经日报》2014年10月9日。
② 中国消费者协会：《2014年全国消协组织受理汽车产品投诉情况分析》，中国消费者协会网站，2015年3月19日。
③ 孙铭训：《一汽大众5月销量下滑近20%　主流车企日子均"不好过"》，《第一财经日报》2015年6月4日。
④ 《大众系在华滑铁卢：傲慢情绪滋生　品牌江河日下》，《经济参考报》2015年6月5日。

担情况，总体来说，有两个特点。首先是自愿发布社会责任报告的企业数量少。润灵环球责任评级（RKS）监测报告显示，2014年仅有27.6%的A股上市公司发布了企业社会责任报告。而根据中国社会科学院等机构编制的2014年《中国企业社会责任报告》，仅有18家外资企业发布了企业社会责任报告。其次是企业社会责任承担情况总体较差。即使是大型国有企业或行业领先的民营企业，社会责任履行程度不高的现象也屡见不鲜。诸如"三聚氰胺"事件、紫金矿业造成福建水域污染并延迟披露信息事件、台资企业富士康科技集团多起员工跳楼自杀事件等，这些事件除对企业本身产生严重负面影响外，还在一定程度上增加了社会的不稳定性。

此外，在2015年4月16日举行的一季度经济形势座谈会上，李克强总理指出，促进电信企业提速降费，以此降低创业创新成本并拉动有效投资和消费。然而，在随后多家电信企业发布的提速降费计划却被网民和媒体认为无实质性优惠和社会责任承担力度不足。因此，在我国目前情况下，有必要着重研究如何加强企业社会责任的承担力度。这样，不仅有利于提升企业自身的市场竞争力和社会声誉，也有利于提高我国经济社会整体发展水平。

相比企业的财务杠杆、并购、技术创新和绩效等特质，企业社会责任是一个更具综合性和对社会影响力度更高的企业特征。企业社会责任不仅仅包括企业的社会捐赠，还包括信息披露质量、消费者权益保护、员工关怀、环境保护等多方面的因素。因此，如何准确地衡量企业承担的社会责任力度一直是困扰学术界的难题，这也使得关于我国企业社会责任的实证研究类文献较为有限。有学者认为，在我国企业社会责任承担水平会影响消费者的购买决策，而且消费者对承担社会责任较好的企业的产品可以接受一定程度上的溢价。还有研究发现，我国上市公司的社会责任的履行程度与其发布年报时的累计超额收益之间存在显著的正相关关系。

二 企业社会责任的影响因素

（一）企业社会责任的评价

1. 评价体系

从现有文献来看，对我国企业社会责任履行程度的衡量方式主要有以下三类：（1）问卷调查法；（2）研究者自己编制指数；（3）使用第三方编制指数。问卷调查法更多适用于研究企业社会责任与消费者购买行为和决策之间的关系，对本书中所涉及的内容和研究的适用程度不高。研究者自己编制企业社会责任指数主要采用的方式是以企业是否披露特定信息为标准来衡量企业的社会责任履行程度。

然而，企业披露了某项与社会责任有关的信息（如披露员工培训计划和陈述其环境保护方面的信息）并不代表企业很好地承担了这些方面的社会责任。故此，本书中相关研究使用第三方制定的指数来衡量企业社会责任履行程度。目前发布了与企业社会责任有关的报告或指数的几个主要机构包括中国社会科学院企业社会责任研究中心、润灵环球责任评级（RKS）、《财富杂志》、《南方周末》中国企业社会责任研究中心等。中国社会科学院发布的《中国企业社会责任报告》和《财富杂志》发布的中国企业社会责任信息中都只包含少数上市公司的相关信息。而《南方周末》中国企业社会责任研究中心只发布企业社会责任得分最高的前100家国有上市公司的信息。

因此，本书主要采用RKS发布的上市公司社会责任评分来衡量上市公司的CSR得分。RKS的社会责任报告评价体系采用MCT社会责任评级体系，从整体性、内容性、技术性和行业性四个零级指标出发，分别设立一级指标和二级指标对企业发布的社会责任报告进行评价，设置了战略、利益相关方、劳工与人权、公平运营、环境、消费者、社区参与与发展等15个一级指标和63个二级指标。最终评分采用结构化专家打分法，满分为100分，其中整体性评价权重为30%，满分30分；内容性评价权重为45%，满分45分；技术性评价权重为15%，满分15分；行业性评价权重为10%，满分10分。2009—2013年，RKS上市公司社会责任评分数据库中共有2585个公司的年份样本量，其中包含698家上市公司。

2. A股上市公司企业社会责任情况

表6-1是分行业的上市公司在企业社会责任履行方面的得分情况。所采用的指标是润灵环球责任评级（RKS）发布的对A股上市公司CSR的评估得分。从表6-1中可以看到，金融业上市公司的社会责任履行情况最好，其次是采矿业上市公司。这两行业的情况也比较好理解，金融业上市公司在过去几年间的经营情况普遍较好，获得了丰厚利润，有雄厚的经济基础承担社会责任。而采矿业较其他行业更容易对环境产生较大的损害，更多地履行企业社会责任或许是该行业上市公司回馈社会的一种主要方式。值得注意的是，房地产行业作为过去近二十年内发展最快速和获利最丰厚的行业之一，其行业内上市公司的企业社会责任履行得分却处于较低水平。

表6-1　　　　A股上市公司企业社会责任得分

行业	上市公司履行社会责任评分
农、林、牧、渔业	31.33
采矿业	43.84
制造业	33.36
电力、热力、燃气及水生产和供应业	38.40
建筑业	37.93
交通运输、仓储业	37.62
信息技术业	32.53
批发和零售业	36.10
金融业	50.81
房地产业	32.22
技术服务业	35.06

续表

行业	上市公司履行社会责任评分
传播与文化产业	33.39
综合类	29.54

注：本表报告的是 2009—2013 年所有 A 股上市公司社会责任履行得分情况。
资料来源：润灵环球责任评级，http://www.rksratings.com/。

（二）公司治理对企业社会责任的影响

1. 理论背景及研究设计

在所有权与经营权分离的情况下，公司在承担社会责任方面的决策主要由公司管理当局制定，因此，公司治理对企业社会责任履行应该会产生一定影响。由于社会责任履行大都属于企业自愿行为，并非是强制性的，因此，在公司治理中高层管理者的特征应该是能影响企业社会责任履行的最主要因素。前文阐述了治理机制中高层管理者特征方面的相关情况，其中高层管理者的多样性和高层管理者个人背景是这方面最核心的因素，并且也应该是最能影响公司的社会责任履行的因素。自沪深两市成立以来，根据上市公司发布的数据和媒体披露的信息，我国上市公司中女性高层管理者的数量逐年增多，参与公司决策的程度也越来越高。现有文献认为，女性高层管理者有着与男性高层管理者不同的工作经验与阅历[1]，并且对风险的厌恶程度和对道德的要求层次更高。[2] 此外，与男性相比，女性在公司中通常有较强的社会责任导向。[3] 在我国女性高层

---

[1] Kesner, A., "Director Characteristics and Committee Membership: An Investigation of Type, Occupation, Tenure & Gender", *Academy of Management Journal*, Vol. 31, No. 1, 1988, pp. 66 – 84.

[2] Adams, R. and Daniel Ferreira, "Women in the Boardroom and Their Impact on Governance and Performance", *Journal of Financial Economics*, Vol. 94, No. 2, 2009, pp. 291 – 309.

[3] Ibrahim, N. A. and John Angelidis, "Effect of Board Members' Gender on Corporate Social Responsiveness Orientation", *Journal of Applied Business Research*, Vol. 10, No. 1, 2011, pp. 35 – 40.

管理者比例高的上市公司发生违规行为的概率也越低。[①]

然而，到目前为止，尚未有文献研究女性高层管理者能否有效提升公司的社会责任履行程度。因此，本书进一步考察公司治理（尤其是公司高层管理者特征）对上市公司企业社会责任履行情况的影响。本书使用的上市公司高层管理者数据（包括性别、年龄、职位信息）、股权结构数据、财务数据均来自 CSMAR 国泰安数据库。由于上市公司高层管理者特征数据在 2009 年之前的缺失数据过多，本书的样本区间为 2009—2013 年。本书使用 CSMAR 高层管理者特征数据计算上市公司的女性高层管理者比例，共得出 6511 个样本量（公司—年份样本），其中包含 1605 家 A 股上市公司。

随后本书将 CSMAR 上市公司治理和财务方面的相关数据（包括股权结构、高层管理者特征以及其他财务指标等）与 RKS 社会责任评分数据进行匹配，并对匹配后数据做出如下处理：（1）由于金融、保险、证券类上市公司的财务特征与其他行业上市公司有较大差距，因此在实证研究的样本中剔除这几类上市公司；（2）剔除研究中使用的变量存在数据缺失的样本；（3）为了消除极端值可能带来的影响，本书对所有连续变量在 0.5% 和 99.5% 分位数做了缩尾处理。最后共获得 1523 个观测样本。

2. 实证研究结果

表 6-2 报告的是采用最小二乘法回归来检验公司高层管理者特征对其社会责任履行情况的实证研究结果。回归的被解释变量是 CSR，即 RKS 发布的上市公司社会责任评分。主要检验的两个公司治理方面的变量女性高层管理者比率和女性董事比率的回归系数均在 1% 的水平上正显著，说明女性高层管理者参与会提高上市公司社会责任履行程度。公司的现金水平和公司规模的系数均为正显著，说明公司现金越多和规模越大，社会责任履行情况越好。而公

[①] Cumming, D. J., Leung, T. Y. and Rui, O. M., "Gender Diversity and Securities Fraud", *Academy of Management Journal*, Vol. 58, No. 5, 2015, pp. 1572-1593.

司的财务杠杆和销售收入增长的系数均为负显著,说明债务水平高和成长性高的公司,社会责任履行程度较低。变量是不是国有企业的系数并不显著,说明国有和非国有上市公司的社会责任履行并不存在显著差异。

表6-2 公司治理对企业社会责任履行的影响

变量名称	回归1 回归系数	回归1 P值	回归2 回归系数	回归2 P值
女性高层管理者比例	0.170***	0.001		
女性董事比例			0.162***	0.008
第一大股东持股	0.022	0.629	0.024	0.595
净资产收益率	-0.010	0.899	-0.019	0.797
现金占总资产比例	0.217***	0.035	0.218**	0.034
财务杠杆	-0.141***	0.002	-0.145***	0.001
销售收入增长比例	-0.036**	0.015	-0.034**	0.019
是不是国有企业	0.008	0.657	0.004	0.797
上市年龄	-0.004***	0.006	-0.004***	0.007
公司规模	0.104***	0.001	0.104***	0.001
行业固定效应	使用		使用	
年份固定效应	使用		使用	
R^2	0.20533		0.202529	
样本总数	1523		1523	

注:本表报告的是公司高层管理者特征及其他财务信息对社会责任履行的影响的实证结果。*、**和***分别表示在10%、5%和1%的水平上显著。

表6-3报告的是进一步检验公司高层管理者特征对上市公司企业社会责任履行的实证研究结果。表6-3中回归1使用的样本与表6-2中回归1使用的样本一致,均有1523个观测值。主要检验的变量女性高层管理者的系数在5%的水平上正显著,说明高层管理者为女性的上市公司的社会责任履行程度要高于高层管理者为男性

的上市公司。此外，为了验证女性高层管理者在提高公司社会责任履行程度方面的作用，本书在样本中进一步剔除了高层管理者中没有女性的上市公司。此时的样本中仅包括所有的高层管理者中至少有一位女性的上市公司，因此观测样本量减少到 746 个。如表 6-3 中回归 2 的结果显示，变量女性高层管理者的系数依然为正显著，说明在有女性高层管理者参与的上市公司中，高层管理者为女性的公司的社会责任履行情况要好于高层管理者为男性的上市公司。

表 6-3　　　高层管理者背景对企业社会责任履行的影响

变量名称	被解释变量：CSR			
	回归 1		回归 2	
	回归系数	P 值	回归系数	P 值
女性高层管理者比例	3.618**	0.040	3.631*	0.076
高层管理者年龄	3.842*	0.084	5.862*	0.055
高层管理者教育背景	3.538***	0.001	3.786***	0.001
第一大股东持股	-2.065	0.236	-1.476	0.547
净资产收益率	-3.952	0.176	5.354	0.237
现金占总资产比例	7.726*	0.054	3.834	0.494
财务杠杆	-3.123*	0.072	-1.722	0.499
销售收入增长比例	-0.720	0.202	-1.052	0.230
是不是国有企业	-0.497	0.447	-0.859	0.336
上市年龄	-0.143***	0.007	-0.135*	0.065
公司规模	3.225***	0.001	3.304***	0.001
行业固定效应	使用		使用	
年份固定效应	使用		使用	
R^2	0.163		0.180	
样本总数	1523		746	

注：本表报告的是公司高层管理者特征及其他财务信息对社会责任履行的影响的实证结果，与表 6-2 报告的结果不同的是，表 6-3 采用了高层管理者特征信息作为主要的检验目标。*、**和***分别表示在 10%、5% 和 1% 的水平上显著。

此外，高层管理者的年龄和高层管理者的教育背景①的系数分别在10%和1%的水平上正显著，说明高层管理者的年龄越大、受教育程度越高，其就职公司的社会责任履行程度越高。考虑到 RKS 的社会责任评分情况或许存在偏差的可能性，本书接下来使用《南方周末》中国企业社会责任研究中心发布的100家中国国有上市公司的社会责任评分情况作为显著性检验中衡量 CSR 的替代变量，实证研究结果基本与表6-2和表6-3中报告的一致。

本书采用2009—2013年 A 股上市公司为研究样本，实证考察公司治理，尤其是高层管理者特征是否会促使上市公司更好地履行社会责任。研究结果表明，女性高层管理者参与和公司当期的社会责任履行程度呈显著的正相关关系。这种关系主要表现在两个方面：（1）管理层中女性高层管理者比例越高的上市公司，其社会责任履行程度越高；（2）当上市公司的高层管理者为女性时，其社会责任履行程度更高。以上结果说明，与男性高层管理者相比，女性高层管理者更注重企业对员工、消费者和社会的关爱，并支持企业在这些方面的付出。此外，上市公司高层管理者年龄越大和受教育程度越高也会导致公司更好地履行社会责任。更多地利用人力资本拉动经济增长和推动绿色低碳循环发展方式是新常态下中国经济的重要特征之一。② 在这种背景下，企业自觉和良好地履行社会责任也有益于我国经济的健康和可持续发展。考虑到我国上市公司中女性高层管理者人数依然较少，而且只有约2%的女性高层管理者担任上市公司高层管理者的职务，我国企业（尤其是上市公司）未来可以招纳更多的女性和高学历背景的人士进入高层管理者团队，这有助于提升企业社会责任的履行，并帮助企业获得更好的社会声誉和竞争优势。

---

① 该变量的衡量方式是：当公司高层管理者的学历为大学或以上时赋值为1，否则为0。

② 王婵：《中央经济工作会议首提新常态9大特征》，《每日电讯报》2014年12月12日。

第七章 公司创新

第一节 创新的重要性

　　创新能力是衡量一个国家综合实力的重要指标，也是推动一个国家经济发展的核心要素。我国政府充分意识到自主创新对国民经济的可持续发展的重要意义，提出建设"创新型国家"的战略，加快建立以企业为主体的创新体系，希望以此提升国家的自主创新能力，并提高我国在国际上的综合竞争力。考虑到上市公司在国民经济体系中的重要地位，上市公司的创新能力直接影响到一个国家的综合竞争力。环顾近二十年国际知名企业的沉浮，创新能力是导致企业成败的核心因素之一。柯达、摩托罗拉、Myspace 等公司逐渐从公众的视野中退出，而苹果、谷歌、Facebook、Tesla 等公司却在各自的领域吸引着无数的镁光灯，企业的创新能力在其中都扮演着重要角色。

　　在近年来的国际、国内的大型公司并购活动中，获得被购公司的专利权都是并购的核心目标之一。举例来说，2009 年北京汽车股份有限公司斥资 2 亿美元收购瑞典萨博汽车公司，获得其丰硕的专利成果，并基于萨博的技术后续研发出超过 800 余项属于北汽自主的专利。① 2011年7月，美国苹果公司在提交给美国证券交易委员会的关于其参与收购北电公司资产的文件中表示，其为收购北电网络的专利花费了26亿美元。② 2012年，谷歌以125亿美元的价格收购摩托罗拉，获得了后者超过17000项的专利。而2014年年初，联想以29亿美元从谷歌手中收购摩托罗拉的手机业务，也获得了2000余项专利。2015年1月，联想在国内举办发布会，宣布摩托罗拉手机重新回归中国市场。这些收购行为，都反映了企业的创新能力（尤其是高附加值的权利）在公司经营与发展中至关重要的作用。对上市公司的创新能力进行系统研究，不仅能帮助上市公司的股东、管理层和外部投资者了解公司的内在价值，也有助于政府明晰我国当前上市公司的自主创新在公司实际运营中发挥的实际作用，并为政府制定相应的指导政策提出有价值的建议。

第二节 研发

一 研发投入水平

（一）国外知名企业研发投入水平

创新体现的是企业对高精尖技术的追求，也是保障企业进行知识产权创新的核心条件和保障企业稳步发展以及持续经营的决定性因素之一。要不断获得核心技术，高额的研发投入是必不可少的。从全球领先公司的实际情况可以看到，能成为行业翘楚的公司都有着共同的特点，就是每年都斥巨资进行研发。在2015年，研发投入在世界前二十的公司分别是大众、三星、英特尔、微软、罗氏（制药类公司）、谷歌、亚马逊、丰田、诺华（制药类公司）、强生、辉瑞、戴姆勒（奔驰）、通用、默克（制药类公司）、福特、赛诺菲

---

① 顾镭：《北汽四年基于萨博技术研发超800个专利》，腾讯网专访，2014年4月20日。
② 邱越：《苹果收购北电 专利花费26亿美元》，新浪网，2011年7月21日。

（制药类公司）、思科、苹果、葛兰素史克、阿斯利康（制药类公司）。排名最高的大众在2015年共投入了153亿美元用于研发，而排在第20位的阿斯利康也投入了56亿美元。①

（二）我国企业研发投入水平

为了鼓励创新，财政部在2015年11月出台了《关于完善研究开发费用税前加计扣除政策的通知》，通知主要内容是："企业开展研发活动中实际发生的研发费用，未形成无形资产计入当期损益的，在按规定据实扣除的基础上，按照本年度实际发生额的50%，从本年度应纳税所得额中扣除；形成无形资产的，按照无形资产成本的150%在税前摊销。"按照此规则，自2016年1月1日起，境内企业投入研发的开支（包括人员人工费用、直接投入费用、折旧费用等）可以享受税收政策优惠。我国在2015年的研发投入总额约为1.4万亿元人民币，按总额排名我国已经在全球研发投入总额排行中排名第二，而1.4万亿元中企业研发经费逾1.1万亿元。②

我国A股上市公司自2002年开始披露研发费用的信息，相关数据列入在财务报告附注中的"支付的其他与经营活动有关的现金流量"项目。从上市公司情况来看，2286家上市公司2015年度总计支出研发费用3613.72亿元，平均研发费用1.58亿元。以单家上市公司的研发费用总额排名，中兴通讯以122.01亿元位居第一，研发费用占营收的比重为12.18%；而中国中铁和中国中车分别以102.84亿元和99.50亿元位列第二、第三，占营收的比重分别为1.66%和4.11%。③如果单看我国数据，不论从增速上还是总量上都有亮眼表现。但将我国上市公司与全球顶尖公司相比，在研发投入方面还是有很大的差距。上市公司中研发开支最高的中兴在此方

---

① 张弘韬：《2015研发投入对比 三星第二 苹果上榜》，中关村在线，2016年1月27日。

② 《2015年度沪深股上市公司研发费用支出TOP100》，中商情报网，2016年5月4日。

③ 同上。

面的投入也仅为122.01亿元人民币，尚不到20亿美元，即使与世界前二十公司中最低的阿斯利康的56亿美元研发投入相比也相去甚远。此外，在2015年研发投入总额前100名的A股上市公司中，研发投入占营收总额比例超过10%的仅有8家，更甚至还有5家上市公司的研发投入占营收总额比例不到1%。由此可见，作为本土公司中最具代表性的上市公司，在研发投入方面尚有诸多不足。

二 我国企业研发投入分析

（一）宏观因素

为何我国已有众多上市公司跻身世界500强，但总体来看，上市公司的研发投入依然与行业领先的跨国公司差距很大呢？

首先，我国很多行业的竞争性不强。我国大部分上市公司的主要营收都来自本土市场，而上市公司中占比很大的部分都是国有控股上市公司。与民营上市公司相比，国有控股上市公司从创立开始就享受到了各种类型的政府保护和扶持，在市场准入、规模化经营等方面有着先天的优势。很多行业中规模最大、基本形成垄断性优势的公司都是国有企业。这种先天优势会在一定程度上抑制国有上市公司进行研发的意愿。在处于转型期的经济体系下政府控制了大量要素资源，而市场又没有充分的竞争性，这便使得在行业市场占有率较高的国有控股上市公司没有强烈意愿投入巨额资金用于研发。

其次，我国金融市场发达程度尚有不足。绝大部分合乎法规的金融资源[①]都处于国有控股金融机构控制之下，民营企业的融资与国有企业相比难度更大，融资成本也更高。公司进行研发需要投入大量资金，资金不足则会使得研发中断或者是失败。公司的融资约束对其研发活动会有负面影响；而位于金融发展水平较高的区域的A股上市公司其研发投入总体水平要更高一些。从实质研究的角度

[①] 除银行等金融机构和股票市场外，我国还存在着众多的"影子银行"和民间借贷的不合法的金融体系。通常来说，上市公司并不会采用这些方式募集资金。

进行分析，也有学者得出了类似的结论。①

（二）公司治理因素

除宏观因素外，公司自身的特征也会影响其研发的投入水平。从前文关于 A 股上市公司的公司治理的论述可以看到，我国上市公司的整体治理水平尚不是很高。而很多有效的公司治理机制对刺激公司进行研发投入是有显著作用的。部分实证研究也得出了类似结论。例如，当上市公司高层管理者团队中具有丰富从业经验的职业经理人较多时，公司通常会维持较高的研发投入。② 由于具有较高教育水平（高学历）和丰富职能背景的管理人员对知识产权的认知和重视程度普遍更高，所以高层管理者团队中具有上述背景的成员比例较高的话，公司也会更倾向于投入更多资源用于研发和创新。③ 更进一步地，高层管理者持股及薪酬激励等治理工具也会促使高层管理者更关注公司业绩的成长性，从而令他们有更大意愿扩展公司的研究活动。相关研究也发现高层管理者持股和公司采用了薪酬激励这两方面的治理因素与公司研发投入呈正相关的关系。④ 这些研究结论也从一个侧面反映了公司治理水平在公司决策中的重要性。

（三）研发投入的风险

研发投入是上市公司进行创新的首要途径，然而，研发行为本身存在着诸多的不确定性。高额的研发投入并不一定能确保公司可以获得稳定的收益，研发活动如果进展不顺利或者失败将会使得公司前期的投入付诸东流。这种高风险的特征也使得公司在进行研发投入时会非常谨慎，也对公司高层管理者的专业技能和领导能力有

---

① 康志勇：《融资约束、政府支持与中国本土企业研发投入》，《南开管理评论》2013 年第 6 期。解维敏、方红星：《金融发展、融资约束与企业研发投入》，《金融研究》2011 年第 5 期。

② 陈闯、刘天宇：《创始经理人、管理层股权分散度与研发决策》，《金融研究》2012 年第 7 期。

③ 朱焱、张孟昌：《企业管理团队人力资本、研发投入与企业绩效的实证研究》，《会计研究》2013 年第 11 期。

④ 鲁桐、党印：《公司治理与技术创新：分行业比较》，《经济研究》2014 年第 6 期。

很高要求。盲目和激进的研发往往会造成公司的创新失败，令公司前期的投入无法收获果实。这种高风险性也进一步体现了高层管理者的教育背景和专业素养在公司决策中的重要性。从这些情况来看，继续推动 A 股上市公司的公司治理水平的提升不仅对保护投资者权益有着重要作用，对提升公司创新投入也能起到显著作用。研发是公司创新的主要途径，而最终产出的具有完全知识产权的技术或发明才是公司创新的果实。接下来，本书将进一步对公司研发的成果（专利）进行阐述和分析。

第三节 专利

一 基本情况

（一）专利的定义和类别

专利是指专有的利益和权利，是知识产权的一种。专利权人对其拥有的专利权享有独占或排他的权利，未经其许可的情况下其他人不得使用，否则即构成侵权。但是，专利权并非永恒的，通常有一定时限，超过时限后专利权随即成为人类共同财富，即其他自然人或法人都可以使用。依照国家知识产权局的相关规定，我国的专利权可分为发明专利、外观设计和实用新型专利三个类型。根据《中华人民共和国专利法》（2008 年修订）的定义："发明专利是指对产品、方法或者其改进所提出的新的技术方案；实用新型专利是指对产品的形状、构造或者其结合所提出的适于实用的新的技术方案；而外观设计，是指对产品的形状、图案或者其结合以及色彩与形状、图案的结合所作出的富有美感并适于工业应用的新设计。"

（二）我国企业专利数量

1. 总体数量

根据国家统计局发布的数据，2015 年，我国专利申请受理数接近280万件，其中，发明专利申请受理数超过110万件，且该类别专利的申请受理数已连续五年位居世界首位。2015年，我国专利的实际授权数约为172万件，其中，发明专利授权数近36万件，授权数占专利总授权数的20.9%。[①] 更进一步地，根据国家知识产权局公布的信息，2015年，我国公司获批专利权数量最多的三家公司分别是中国石油化工股份有限公司、中兴通讯股份有限公司和华为技术有限公司，获批数量分别为2844项、2673项和2413项。[②] 此外，包括小米科技责任有限公司等新兴民营公司的专利权申请及受理项目也位居前列。

2. A股上市公司专利数量

表7-1报告的是上市公司自2005—2014年十年的发明类型专利的情况，数据来源于国泰安数据服务中心。从表中可以看到，沪深主板上市公司的平均发明专利数量要高于创业板和中小板，而深市主板上市公司的平均获批发明类型专利权数量最多。2005—2014年，沪深A股上市公司的发明类型专利权数量呈直线上升趋势，2014年总发明专利数量为66198项，是2005年的近30倍，当然，这也与上市公司的数量增长有一定的关系。另外，值得注意的是，截至2014年年底，依然有部分上市公司一项发明类型专利都没有，说明少部分公司在知识产权创新方面投入非常之少。

表7-1　2005—2014年A股上市公司发明专利数量统计

	最小值	最大值	平均值	中位数	总数
创业板	0	181	6.00	2	12267
中小板	0	2222	9.87	2	42177

[①] 国家统计局：《科技创新加力提速　创新驱动作用显著——十八大以来我国科技创新状况》，国家统计局网站，2016年3月9日。

[②] 《2015年专利榜公布！中兴华为进前三，第一竟然是它》，搜狐网，2016年1月19日。

续表

	最小值	最大值	平均值	中位数	总数
沪市主板	0	7999	23.79	3	101274
深市主板	0	14986	53.69	3	82197
2005 年	0	1067	4.78	0	2488
2006 年	0	1491	6.51	0	3900
2007 年	0	1818	7.48	1	5309
2008 年	0	2219	8.62	1	7829
2009 年	0	3061	11.18	1	12616
2010 年	0	5334	13.77	1	18764
2011 年	0	8420	17.74	2	28294
2012 年	0	11240	23.38	4	40339
2013 年	0	12827	29.78	5	52629
2014 年	0	14986	36.94	7	66198

注：A股上市公司在2005—2014年发明类型专利权信息。

资料来源：国泰安数据服务中心。

表7-2和表7-3报告的是沪深A股上市公司在2005—2014年获批的实用新型专利和外观型专利的情况。从表中数据可以看到，这两种类型的专利数量情况与发明型专利基本一致，都是呈逐年上升的态势。深市主板上市公司在这两种类型的专利权数量都在所有板块上市公司中居首位。如果将表7-1至表7-3 3个表的信息进行比较可以发现，上市公司的发明类型的专利数量在三类专利中所占比例并非很高，实用新型专利数量是上市公司三类专利中数量最多的。而发明类型的专利在三类专利中是含金量最高，也是有更大概率提升公司技术水平和未来绩效的知识产权。因此，我国上市公司虽然专利权总数在最近几年不断增加，但未来还需要更专注于创造更多含金量更高的发明类型专利。

表 7-2　2005—2014 年 A 股上市公司实用新型专利数量统计

	最小值	最大值	平均值	中位数	总数
创业板	0	802	19.19	7	38410
中小板	0	4318	32.88	10	140578
沪市主板	0	4830	45.92	6	195462
深市主板	0	5204	82.37	10	126103
2005 年	0	510	11.75	3	6123
2006 年	0	733	14.90	3	8924
2007 年	0	1059	19.06	3	13530
2008 年	0	1530	22.25	4	20205
2009 年	0	2265	25.69	4	28983
2010 年	0	2717	31.21	6	42545
2011 年	0	3225	37.06	8	59108
2012 年	0	3600	47.56	11	82039
2013 年	0	4018	61.04	16	107854
2014 年	0	5204	75.07	19	134520

注：A 股上市公司在 2005—2014 年实用新型专利权信息。
资料来源：国泰安数据服务中心。

表 7-3　2005—2014 年 A 股上市公司外观型专利数量统计

	最小值	最大值	平均值	中位数	总数
创业板	0	150	4.85	0	9703
中小板	0	1077	15.05	0	64344
沪市主板	0	1669	17.99	0	76598
深市主板	0	2420	38.63	1	59149
2005 年	0	871	12.66	1	6596
2006 年	0	815	13.10	1	7848
2007 年	0	783	13.96	0	9913
2008 年	0	854	12.80	0	11625

续表

	最小值	最大值	平均值	中位数	总数
2009 年	0	1368	14.13	0	15941
2010 年	0	1510	16.60	0	22626
2011 年	0	1578	17.20	0	27431
2012 年	0	2053	19.16	0	33052
2013 年	0	2300	21.29	0	37621
2014 年	0	2420	22.92	0	41076

注：A股上市公司在2005—2014年外观型专利权信息。
资料来源：国泰安数据服务中心。

二 上市公司专利

（一）相关研究介绍

近十几年来，上市公司的创新能力一直是国际上的研究热点。例如，Aghion、Van Reenen 和 Zingales（2010）[1] 研究了机构投资者在提升对美国上市公司的创新能力方面发挥的效用。Sevilir 和 Tian（2012）[2]、Bena 和 Li（2012）[3] 研究了美国公司的创新能力如何影响并购行为，并发现收购创新能力强（即专利权多且质量高）的目标公司是美国近年来并购行为的主要目的之一。

我国目前关于上市公司的创新能力的研究有：（1）多以上市公司的研发投入（R&D）作为衡量创新的变量（郑克昌、余克艰，

---

[1] Aghion, P. , Van Reenen, J. and Zingales, L. , "Innovation and Institutional Ownership" (No. W14769), *National Bureau of Economic Research Working Paper*, 2010.

[2] Sevilir, M. and Tian, X. , "Acquiring innovation", In AFA 2012 Chicago Meetings Paper, 2012.

[3] Bena, J. and Li, K. , "Corporate Innovations and Mergers and Acquisitions", *The Journal of Finance*, Vol. 69, No. 5, 2012, pp. 1923–1960.

2003[①]；解维敏、唐清泉和陆姗姗，2009[②]；陆国庆，2011[③]；李汇东、唐跃军和左晶晶，2013[④]等）；（2）没有深入检验创新能力对上市公司的具体行为决策的影响。公司的研发投入主要反映的是公司对提升产品或服务的市场竞争力的投入水平，而不是公司的知识产权创新的最终成果。徐欣和唐清泉（2012）[⑤]发现，我国国有和非国有的上市公司研发投入的侧重点并不相同；国有企业对不同类型的创新（发明、外观和实用新型专利）都有投入，而非国有企业则将资源更多地配置在创新含金量更高的发明专利中。徐欣和唐清泉（2012）[⑥]还发现，不同类型创新的产生效率并不一致，其中发明专利的产出效率要显著低于外观设计和实用新型专利的产出效率。

此外，研发投入还存在着重要的信息不对称问题，外部投资者很难了解研发投入的明细，以及研发投入对上市公司绩效产生的直接影响（Aboody and Lev, 2000[⑦]）。操纵研发投入还是上市公司进行盈余管理的手段之一，因为上市公司的高层管理者可以通过调整研发投入来提高或降低当期的公司盈利水平（Healy and Wahlen, 1999[⑧]）。基于以上原因，使用研发投入来衡量上市公司的创新能力

[①] 郑吉昌、余克艰：《公司创新行为的经济学动因——上市公司融资资本创新投入及鼓励措施的研究》，《数量经济技术经济研究》2003年第7期。

[②] 解维敏、唐清泉、陆姗姗：《政府R&D资助、企业R&D支出与自主创新——来自中国上市公司的经验证据》，《金融研究》2009年第6期。

[③] 陆国庆：《中国中小板上市公司产业创新的绩效研究》，《经济研究》2011年第2期。

[④] 李汇东、唐跃军、左晶晶：《用自己的钱还是用别人的钱创新？——基于中国上市公司融资结构与公司创新的研究》，《金融研究》2013年第2期。

[⑤] 徐欣、唐清泉：《R&D投资、知识存量与专利产出——基于专利产出类型和企业最终控制人视角的分析》，《经济管理》2012年第7期。

[⑥] 同上。

[⑦] Aboody, D. and Lev, B., "Information Asymmetry, R&D and Insider Gains", The Journal of Finance, Vol. 55, 2000, pp. 2747-2766.

[⑧] Healy, P. M. and Wahlen, J. M., "A Review of the Earnings Management Literature and Its Implications for Standard Setting", Accounting Horizons, Vol. 13, No. 4, 1999, pp. 365-383.

存在一定的不确定性，并可能导致研究结论产生误差。而采用上市公司的专利权数量，以及专利权被引用的次数，则能更直观地判定上市公司的创新能力，并带来更精确的研究结果。

目前已有一些国内学者采用了专利数据来检验上市公司的自主创新。例如，李希义和房汉廷（2008）[①]，李诗、洪涛和吴超鹏（2012）[②] 等采用专利申请或获批的数量作为衡量上市公司创新能力的变量来研究公司特征或机构投资者对创新能力的影响，以及创新能力对公司绩效的影响。这些文献的主要结论是创新能力对上市公司的绩效有显著的提升作用，实证结构都验证了公司创新能力的重要性。但是，从公司治理的角度检验治理机制能否有效促进公司的创新行为并令公司获得更多的专利权的相关文献非常少。

（二）公司治理水平对公司专利权数量的影响

表7-4报告的是采用最小二乘法回归来检验沪深A股上市公司的公司治理机制对专利权的影响的相关结果。"专利权"变量是用公司的专利权数量减去公司所在行业所有公司当期的专利权的中位数，这种方式可以控制不同行业公司专利权数量差异对研究结果的影响。"考虑价值递减的专利权"是将公司往期的专利权取85%的专利费，这么做的原因是专利权有时效性，并且公司往期的专利权在经过一定时间后价值会出现下降。表7-4使用的数据均来自国泰安数据服务中心。

从表7-4报告的结果可以看到，国有股份越多，则公司专利权数量越少，说明民营上市公司在研发和创新方面更为专注，效果也更为明显。这与之前谈到的国有上市公司对待研发投入方面存在的不足是一致的。另外，多个公司治理变量，包括高层管理者持股比例、公司是否采用了股权激励机制来给予高层管理者薪酬等都与

[①] 李希义、房汉廷：《我国科技型上市公司的创新性》，《经济管理》2008年第11期。

[②] 李诗、洪涛、吴超鹏：《上市公司专利对公司价值的影响——基于知识产权保护视角》，《南开管理评论》2012年第15期。

公司的专利权数量呈正相关关系。由此可见，有效的治理机制可以刺激公司从事更多的创新活动并获得更多的专利权数量。此外，规模越大的公司和现金越多的公司，通常会投入更多资金用于研发，并在专利权方面有更多收获。

表7-4　　　　　公司治理水平对专利权数量的影响

解释变量	专利权 回归系数	专利权 P值	考虑价值递减的专利权 回归系数	考虑价值递减的专利权 P值
截距项	-1.098	0.001***	-1.333	0.001***
第一大股东持股比例	-0.069	0.957	0.669	0.691
国有股持股比例	-2.851	0.002***	-2.092	0.085*
高层管理者持股比例	4.631	0.015**	5.543	0.045**
是否采用股权激励	1.905	0.008***	2.488	0.010***
董事会规模	0.257	0.015**	0.272	0.049**
独立董事比例	-3.068	0.264	-3.777	0.311
董事会会议次数	0.028	0.621	0.059	0.408
财务杠杆	-3.407	0.001***	-4.406	0.002***
销售收入增长	-0.372	0.117	-0.426	0.137
现金水平	4.927	0.026**	5.469	0.065*
公司规模	5.269	0.001***	6.369	0.001***
R^2	0.125		0.133	
年份固定效应	使用		使用	
公司固定效应	使用		使用	
样本总数	8172		6579	

注：*、**和***分别表示在10%、5%和1%的水平上显著。

（三）通过并购获得专利

公司除通过研发获得专利权外，还有一条捷径可以"短、平、快"地获取位数可观的和高附加值的专利权。这种方式就是并购。如前文所述，公司的研发活动是有很大风险的，在组织不当或研发出现意外情况时往往会使得研发活动无法获得预期的成果。此外，研发活动也具有周期较长等特性，要寄希望于短期内获得可观的具有完全知识产权的技术非常困难。这种情况下就使得很多公司会通过并购的方式获得高新技术以期在短时间内实现技术上的突破，从而达到公司超常规地增长。此外，通过并购往往还可以获得被并购公司的研发、管理人才，为并购公司在未来的研发活动提供支持。这样的例子在过去几年中屡见不鲜，例如，联想并购 IBM 个人电脑业务、吉利汽车并购瑞典沃尔沃汽车股份有限公司、美的电器并购东芝家电业务等，这些并购事件中专利权及研发人才都是并购的主要诱因之一。此外，更有甚者还有跳过研发、并购程序直接购买专利的情况。例如，在 2016 年 2 月，小米科技责任有限公司从美国芯片公司英特尔手中购买了 322 件美国专利。[1]

三 专利权的信息披露

从上述情况来看，专利对企业（尤其是上市公司）的重要性已经不言而喻。前文也曾叙述我国上市公司中存在着信息披露质量不高以及误导投资者的情况。这种信息披露不规范情况在专利权信息方面也屡见不鲜。由于专利对公司的估值和绩效有显著影响，少数公司在 IPO 时会进行虚假披露，以求在首次公开发行时获得更高的发行溢价从而融得更多资金。例如精华制药（中小板上市公司，深市代码 002349）在 2009 年 IPO 时发布的招股说明书中表示其有 3 项发明专利，并且还有 11 项发明专利的申请已经获得受理。但实际情况是其大部分申报的专利都是在 IPO 前三个月突击申请，而且还有一项是尚未申请却被列入招股说明书中。更进一步地，精华制药在招股说明书中披露的专利申请中的 9 项在 IPO 后两年时间内先后被国家知识产权局驳回，但却一直未向投资者披露相关情况。[2] 另外，博腾股份（创业板上市公司，深市代码 300363）在 2014 年年初 IPO 时有一项对公司业务有重要贡献的专利权实际已经过期，却

---

[1] 《小米:"豪购"专利意欲何为？》，《知识产权报》2016 年 3 月 9 日。
[2] 曹卫新、张敏：《精华制药 10 项专利 9 项被驳回 涉嫌虚假披露专利信息》，《证券日报》2013 年 8 月 5 日。

在招股说明书中只字未提。① 上述两家公司关于专利权的信息披露行为都违反了证监会的相关规定，涉嫌虚假披露信息，其他类似的案例还有许多，尤其是在高新技术公司较为集中的创业板上市公司的 IPO 中出现频率颇高。

然而，与公司财务等其他方面的信息相比，专利权信息是面向社会大众完全公开的。包括投资者在内的任何自然人或组织都可以从国家知识产权局的专利数据库中进行检索，关于专利权的数量和时限方面的信息在公司内部人士与外部投资者之间并不存在信息不对称的情况。即使如此透明公开的信息，上市公司或拟进行 IPO 的公司都明目张胆地进行不实披露，以误导投资者，实在令人匪夷所思。从以上现象可以得出以下几点结论：（1）专利权对上市公司尤其是拟上市公司的估值非常重要；（2）上市公司的信息披露规范程度较低，部分公司高层管理者在此方面缺乏基本的法律意识；（3）内、外部公司治理机制在规范公司信息披露行为的效果方面依然存在重大不足。这进一步说明了前文提到的继续提升 A 股上市公司治理水平的重要性。再者，在我国当前情况下投资者未来制定投资决策时，应谨慎判断上市公司披露的重要信息；如相关信息有其他公开渠道可以进行验证可自行进行检索，以免因被误导而承担不必要的损失。

---

① 陶炜：《博腾股份涉嫌故意虚假披露　信披违背深交所相关要求》，《大众证券报》2014 年 1 月 24 日。

第八章 上市公司违规行为

第一节 违规行为概述

我国沪深 A 股市场至 2016 年已经有接近 3000 家上市公司，总数已经非常庞大。但这些上市公司的质量良莠不齐，部分上市公司的治理水平也并不是很高。此外，上市公司在总资产、员工人数等方面普遍具有较大规模，在实际经营过程中也会涉及各种类型的决策行为。在这种背景下，上市公司出现违规行为就难以避免。上市公司违规行为产生最直接的受害者便是外部中小投资者。一是上市公司违规行为都是为了使公司大股东或管理当局受益，从而造成公司资产流失或以不真实的信息误导了外部投资者；二是当违规行为被监管机构查处时通常会造成公司股价的持续下跌。

不论在世界上哪个股票市场，上市公司违规行为频繁发生都是市场不成熟和监管不力的最直接体现。上市公司的违规行为包括很多种类型，大致包括虚构利润、虚列资产、误导性陈述、延迟披露、重大遗漏、欺诈发行、虚假出资、擅自变更资金用途、股东占用公司资产、违规关联交易、内幕交易、违规股票交易、操纵股价、违规担保、一般会计处理不当等。从上述类别可以看到，虚构利润、虚列资产、误导性陈述、延迟披露和重大遗漏五项是信息披露方面的违规行为，而擅自变更资金用途、股东占用公司资产、违规担保和违规关联交易四项是公司股东或管理当局违规使用公司资源方面的违规行为。表8-1对上述违规行为进行了归类。

表8-1　　　　　　　上市公司主要违规行为一览

上市公司主要违规行为	分类
虚构利润 虚列资产 误导性陈述 延迟披露 重大遗漏	信息披露违规
擅自变更资金用途 股东占用公司资产 违规担保 违规关联交易	违规使用公司资源
内幕交易 违规股票交易 操纵股价 一般会计处理不当 欺诈发行 虚假出资 其他	其他

第二节　A股上市公司违规行为

一　部分违规情况介绍

我国上市公司的违规行为可谓屡见不鲜，部分上市公司甚至出现连续、多次违规并被证监会或交易所处罚的现象。例如，大东南（公司全称为浙江大东南股份有限公司，深市代码002263）2008—2015年先后十余次被深交所和证监会浙江监管局要求整改、通报批评和罚款,另外还多次被深交所发关注函进行询问。① 华锐风电(沪市主板上市公司,沪市代码601558)2011年1月并以90元/股的发行价完成IPO,当时还创下沪市主板IPO发行价纪录。然而,后经证监会查明华锐风电在2011年虚增营业收入和利润分别为24.3亿元和2.78亿元,虚增利润占当年利润总额的37.58%;在2015年10月证监会对华锐风电处以60万元罚款(为《证券法》对虚假陈述所规定的最高罚款金额),并对当初涉案的14名责任人员给予警告、分别处以10万—30万元的罚款,以及采取市场禁入措施。②

上海物贸(沪市主板上市公司,沪市代码600822)旗下全资子公司上海燃料有限公司采用多种方式进行虚减成本和虚增年末库存,并导致上海物贸在2008—2011年年报中虚增利润约2.66亿元;然而上海物贸并未按相关规定在2012年年报中对财务数据进行更正,导致2012年年报存在虚假记载。③ 2015年6月12日上海证监局对上海物贸下发了《行政处罚决定书》,对后者进行警告并处40万元罚款,相关高层管理者也同时被予以警告和罚款处罚。A股上市公司类似的案例还有很多,此处不再赘述。

二 处罚方式

(一)处罚方式类别

对于上市公司及其股东和高层管理者的违规定位,证监会、沪深交易所和其他监管机构的处罚方式主要包括批评、警告、谴责、罚款、没收非法所得、注销营业执照、市场禁入和其他。然而,从目前可以获得的信息来看,监管机构对A股上市公司违规行为的处罚力度并不是很大。在2016年年初至2016年2月15日已经处分的

---

① 《大东南违规行为记录》,新浪财经专栏,http://vip.stock.finance.sina.com.cn/corp/go.php/vGP_GetOutOfLine/stockid/002263.phtml。
② 吴可仲:《虚增收入24亿元 华锐风电遭证监会顶格处罚》,《中国经营报》2015年11月28日。
③ 何玉晓:《上海物贸:四年虚增利润2.66亿元遭罚》,《大众证券报》2015年6月16日。

102 起上市公司违规中，仅有 32 起是公开处罚，仅占全部数量的 1/3 左右，其余处分方式为公开批评和公开谴责；而且罚款数额较小，合计仅为 6464 万元，针对个人的罚款都基本在 40 万元以内。①

以协鑫集成（中小板上市公司，深市代码 002506）为例，协鑫集成及其 16 个相关当事人因未及时披露公司重大事项、信息披露虚假或严重误导性陈述而在 2016 年 2 月 4 日被深交所处罚。据深交所公告，超日股份（协鑫集成更名前）涉及一系列重要信息未披露或未按规定披露、虚增销售收入、利润等行为。然而，深交所所做处罚则是：（1）对超日股份公开谴责；（2）对时任超日股份董事长和多名董事公开谴责；（3）对其他多名高层管理者进行通报批评。除此之外，深交所并未对上市公司进行任何形式的罚款。②

（二）对股东和高层管理者的违规处罚

监管机构对上市公司股东及高层管理者个人的违规行为的处罚方面也基本如此。以梅泰诺（创业板上市公司，深市代码 300038）为例，梅泰诺的财务总监赵某在 2015 年 11 月 10—11 日卖出公司股票 2 万股，交易金额 856680 元，其行为违反了证监会在 2015 年 7 月 8 日出台的规定，该规定内容是"从 2015 年 7 月 8 日起 6 个月内上市公司控股股东和持股 5% 以上股东及董事、监事、高级管理人员不得通过二级市场减持本公司股份"。但 2016 年 2 月 1 日深交所仅对梅泰诺高层管理者进行公开谴责处分。同期，被深交所处以公开谴责处分的还包括另外三家上市公司的高层管理者，这些高层管理者的违规行为也与梅泰诺财务总监一致。③ 这种相对较轻的处罚造成了上市公司大股东和高层管理者违规行为的成本较低，他们违规的动机难以得到有效的抑制，这也是导致沪深 A 股上市公司违规

---

① 苏启桃：《2016 年 A 股 102 起违规：仅三分之一被公开处罚》，《金融投资报》2016 年 2 月 16 日。

② 《协鑫集成违规记录》，新浪财经专栏，http://vip.stock.finance.sina.com.cn/corp/go.php/vGP_GetOutOfLine/stockid/002506.phtml。

③ 乔翔：《四公司高层管理者违规减持 遭深交所点名批评》，中国证券网，2016 年 2 月 3 日。

行为频发的主要原因之一。

（三）处罚统计

表8-2是沪深A股上市公司从2001年1月1日至2015年12月31日的被监管机构公开处罚的信息，数据来源于国泰安数据服务中心。2001—2015年共有1977起监管机构对上市公司的处罚，涉及1115家上市公司（有多家上市公司），其中，深市主板上市公司286家，中小板上市公司339家，创业板上市公司105家，沪市主板上市公司385家。表8-3是2001—2015年A股上市公司违规行为的类别和监管机构的处罚类别统计信息。在所有违规行为中，违规股票交易的行为占比最高，共计有521次，随后是延迟披露，共计452次。涉及信息披露违规的行为总计764次。从监管机构的处罚形式看，批评和谴责的次数最多，分别有214次和127次，其次是罚款，共有41次。[①]

表8-2　2001—2015年A股上市公司违规行为及被处罚次数

上市公司板块	上市公司数量
深市主板	286
中小板	339
创业板	105
沪市主板	385
总数	1115
年份	处罚案件数量
2001	77
2002	72
2003	38
2004	35
2005	18

① 由于处罚方式的缺失数据较多，此部分统计可能不准确。

续表

年份	处罚案件数量
2006	30
2007	44
2008	51
2009	106
2010	115
2011	164
2012	249
2013	311
2014	328
2015	339
总数	1977

注：表8-2报告的是沪深A股上市公司从2001年1月1日至2015年12月31日的被监管机构公开处罚的统计信息。

资料来源：国泰安数据服务中心。

表8-3　2001—2015年A股上市公司违规行为分类统计

违规行为类型	数量
虚构利润	4
误导性陈述	130
延迟披露	452
重大遗漏	129
其他信息披露违规	49
擅自变更资金用途	8
股东占用公司资产	23
内幕交易	97
违规股票交易	521
操纵股价	3
违规担保	8

续表

违规行为类型	数量
违规操纵会计信息	24
其他违规行为	515
总数	1963

处罚类型	数量
批评	214
谴责	127
警告	8
罚款	41
没收非法所得	2
其他	703
总数	1095

注：表8-3报告的是2001—2015年A股上市公司违规行为的类别和监管机构的处罚类别的统计信息。

资料来源：国泰安数据服务中心，部分数据有缺失。

三 上市公司违规行为的动机及控制机制

从实证研究的角度出发，有众多学者研究了我国上市公司的违规行为的产生原因和抑制机制。研究发现，上市公司治理机制中的董事会特征（独立董事占比高、董事长任职期限长等因素）对抑制违规行为有一定的正面作用[1]，而国有上市公司产生违规的概率要高于民营上市公司。[2] 这些研究结果，一方面说明公司治理机制在抑制上市公司股东和高层管理者的机会主义行为方面具有一定的作

---

[1] Chen, G., Firth, M., Gao, D. N. and Rui, O. M., "Ownership Structure, Corporate Governance, and Fraud: Evidence from China", *Journal of Corporate Finance*, Vol. 12, No. 3, 2006, pp. 424-448.

[2] Aggarwal, R., Hu, M. and Yang, J., "Fraud, Market Reaction and the Role of Institutional Investors in Chinese Listed Firms", *The Journal of Portfolio Management*, Vol. 41, No. 5, 2014, pp. 92-109.

用，另一方面说明国有上市公司的特殊身份导致了它们有更大的动机和意愿去从事机会主义行为。这些结论和本书之前的阐述基本一致。

然而，对违规的研究中存在着一个重要的问题，即可以被观察到的违规行为都是已经被监管机构查处并对其发布了相关的公告，而理论上说上市公司可能还存在着其他为数不少的违规行为未被发现。关于 A 股上市公司的违规行为，从公开渠道可以获得的信息主要来源于证监会、上交所和深交所的处罚公告。因此，处罚公告只是针对被发现的违规行为，对于其他未被发现的违规行为究竟有何种方式可以对其进行抑制是研究中较难处理的问题。有学者采用创新的计量经济学模型并引入一系列理论上能抑制上市公司内部人士从事机会主义行为动机的变量对此进行研究，结果发现，当上市公司的股票价格持续有稳定且较高的收益水平时，上市公司潜在的违规行为产生的概率会降低。[①] 当然，如果要探究违规行为产生的最根本原因，还是监管不严和处罚力度不够。未来证监会等监管机构还要充分发挥内外部治理机制的监督和制约效果，并加大对违规行为的处罚力度，否则上市公司违规行为还会层出不穷，从而使外部投资者的利益受到严重的损害。

[①] Aggarwal, R., Hu, M. and Yang, J., "Fraud, Market Reaction and the Role of Institutional Investors in Chinese Listed Firms", *The Journal of Portfolio Management*, Vol. 41, No. 5, 2014, pp. 92–109.

第九章 总结及展望

本书主要阐述了两个方面的内容。一是公司内、外部治理机制；二是公司的主要决策行为及公司治理机制在其中发挥的效用。从我国股份有限公司（尤其是上市公司）的治理机制设定来看，基本已经具备发达市场国家资本市场中对上市公司实行的各项治理结构。然而，实际情况却是这些机制所发挥的效用依然不尽如人意。从长远来看，未来中央政府及包括证监会在内的下设监管机构还会不断针对上市公司的治理进行更为严格的规范，相应的司法体系也会进一步得以完善，并且相关法律的执行力度也会逐渐加强。这种越来越严格的监管体系和对治理结构苛刻的要求是大势所趋，目的都在于约束上市公司大股东和高层管理人员等内部人士的行为，尽量规范上市公司在募集资金、分红派息、信息披露、关联交易、外部投资等方面的行为。就外部投资者而言，他们自然也希望对上市公司的监管越严格越好，以及公司内部各项治理机制设置越完备越好，这些不仅会提升他们投资上市公司的信心，也有利于整个市场的平稳发展。

我国A股市场从成立至今不过短短20多年，与西方国家资本市场相比仍处于相对初级的阶段。虽然资本市场也孕育了一批不论是在内部治理水平还是经营理念上都非常出色的公司，但是，大部分上市公司在这些方面都还有诸多不足。从我国赴中国香港、美国等股票市场上市的境内公司来看，很多公司在过去几年中都爆出了如财务信息造假、公司经营活动不规范等丑闻。有的公司还遭到了投资者的诉讼和境外资本市场监管机构的处罚。例如，聚美优品

2015年在美国被投资者提起集体诉讼①，分众传媒则在2015年遭遇美国证监会SEC的行政诉讼，并于同年9月向美国证监会缴纳了数千万美元的罚金（包括退回的非法所得）。②

由于中国香港和美国等发达经济体的资本市场通常都采用注册制来应对股份有限公司的IPO申请，而我国A股市场则一直采取审批制并且对申请IPO的公司在营业收入和盈利能力等方面有严格要求，这使许多本土企业为实现上市融资的目的而前往境外寻求机会。然而，境外发达经济体的股票市场对上市公司的监管尤其严格，这使得许多在境外上市的公司出现"水土不服"。这些因素导致最近几年不断有媒体报道"中概股"公司开始有意愿回归本土资本市场。以上这些案例和情况说明，我国本土公司在公司治理等方面仍存在许多欠缺。它们在国内经营过程中长期积累的一些不规范行为一旦遇到严格监管便易引发司法诉讼，甚至面临来自境外监管机构的高额罚金的处罚。

综观全球各资本市场，不论是发达市场经济国家还是新兴市场经济国家的资本市场，对上市公司的各项监管都朝着不断完善和越发严格的方面迈进。虽然这是大势所趋，但是，从上市公司角度出发，这些严格的监管措施和对公司治理结构苛刻的要求会加大上市公司的各项经营活动和公司决策的难度。许多公司为了规避这些监管制度以及对公司治理方面的严格要求，都开始考虑从资本市场撤出。美国资本市场有两百余年的历史，并且可以允许来自全世界各地的公司在纽约证交所和纳斯达克交易所融资及进行股票交易。然而，截至2015年，在美国两大证交所上市的公司数量已不足4000家。而我国A股上市公司到目前为止虽然依旧只能允许本土企业融资及交易股票，但上市公司数量已经接近3000家。从目前的趋势来

---

① 李小年：《"股市秃鹫"又行动了，聚美再遭集体诉讼》，钛媒体，2015年1月3日。

② 刘芳：《深度分析：5560万美元！美证监会对分众传媒及CEO的天价罚款》，智合法律新媒体，2015年10月6日。

看，中国和美国的上市公司数量在未来很有可能继续维持此消彼长的态势，甚至沪深 A 股上市公司的数量极有可能超过美国纽约证交所和纳斯达克两交易所的上市公司数量。

上述现象一方面是由于我国经济持续增长所导致的境内企业实力不断壮大①，另一方面则是由于发达市场经济国家的企业的融资决策和经营行为更为成熟，对待公开发行股票的融资方式也更为谨慎。资本市场，尤其是投资者时常是不理性的，这种不理性会表现在公司股价往往会偏离公司真实价值。此外，很多突发事件和无法预测的因素都会显著影响股票市场，而市场的波动则会进一步影响公司的估值。在综合考虑这些情况后，很多境外公司对公开发行股票都开始持有较为审慎的态度。这与我国公司一味地追求上市形成了较大的反差。随着我国资本市场的制度建设和监管体系越来越成熟，追求上市的热潮有很大概率会逐渐减退。从我国宏观经济和境内企业在过去 30 年的高速发展来看，这种越发理性对待上市的观念或许会在很短时间内就开始蔓延到大部分企业，从而使得最终能维持上市的本土企业必将是真正具有行业领先型和良好内部治理机制的优秀公司。

随着我国民营经济不断壮大，民营企业的规模应该会继续维持扩张的趋势，有实力的民营企业数量也会随之增加。同时，国有企业改革也在稳步推进，根据国资委 2016 年 7 月发布的消息，目前，以中央企业为主的国有企业正在加快包括重组、混合所有制在内的各项改革，在 2016 年年内争取将中央企业的数量控制在 100 家以内。② 国有企业的改革如果能持续有效推进，并减少政府对国有企业的直接干预，那么这些措施都会有利于 A 股市场的稳步发展。当民营企业而不是国有企业逐渐占据资本市场的主体时，政府同时担

---

① 根据 2015 年财富评选的世界 500 强企业中，中国本土公司数量已经达到 106 家，仅次于美国。《2015 年 106 家中国上榜公司完整名单》，财富中文网，2015 年 7 月 22 日。
② 杜雨萌：《国有企业改革试点全面铺开　中央企业今年有望降至百家之内》，中国经济网，2016 年 7 月 15 日。

任裁判和参赛运动员的现象将会得到缓解，从而进一步减少证监会等机构监管和惩戒上市公司股东及高层管理者的违法、违规行为的难度。这些现象在提升国有企业自身的治理水平和保护外部投资者利益方面也都能发挥积极作用。

此外，在2016年中国央行货币政策司司长李波还曾撰文建议我国在推进金融体制改革中应该建立由央行领头的宏观审慎金融监管体制，也就是将"一行三会"①进行整合，以央行为主来统筹宏观政策的制定、执行和实施，以及对各类型金融机构、资本市场的监管。② 这种整合如果可以完成，那么监管机构可以更为从容和有效地监管保险公司、商业银行等机构涉及证券投资方面的相关行为。尤其是目前保险资金、社保基金等都允许在A股市场投资，而且社保基金还承接了一部分国有股减持的任务，这些情况都加大了证监会作为A股市场主要监管机构的监管难度。如果能有效地减少监管机构的数量和层级，将会使得目前一些监管权力划分不清、监管机构配合程度不高等现象得到一定程度的缓解，对市场整体发展和投资者保护都会带来诸多好处。

本书对公司治理和决策的论述，希望能为在这些方面缺乏了解的读者提供一些启发，并为A股市场的投资者提供一些借鉴。

---

① "一行三会"指央行、证监会、银监会和保监会。
② 《央行高官首次发声探讨"一行三会"改革 四大方案出炉》，凤凰网，2016年2月5日。

后　记

　　自读博士伊始，我的主要研究方向便是中国上市公司的公司治理。一方面是因为自己对股市的浓厚兴趣所致，另一方面是由于中国上市公司的治理结构和治理水平仍有大量可挖掘的研究内容。处于转型期的中国经济，各类经济活动都在不断地变革和发展，沪深A股市场也不例外。从主板到中小板再到创业板，上市公司的类型不断变化。从单一的买入卖出到融资融券再到股指期货，投资方式也不断推陈出新。

　　作为国内最主要的投资渠道，A股市场无时无刻不聚集着大量的镁光灯。每一波牛市都毫无例外地激起千层浪，而牛市过后漫长的熊市也令无数投资者扼腕叹息，市场之剧烈震荡从未停歇。影响市场波动的因素很多，有宏观层面的，也有微观层面的。作为股票市场主体之一的上市公司，其自身的治理结构与治理水平不仅会影响它们的决策行为，也会对股票市场整体走势施加重要影响。本书的初衷之一便是希望能帮助读者较为系统地掌握与上市公司治理结构和决策行为有关的专业知识，从而对A股市场有更全面和深入的认识。

　　A股市场投资者数量众多，其中散户投资者占比颇高，我身边也有不少亲友都是资深的股票票友。而大部分散户投资者都缺乏与股票市场有关的专业知识，这使他们的投资行为往往盲目和不理性。本书所阐述的内容虽然都是金融学科的专业知识，但并未涉及太多数学和计量经济学。因此，希望本书也能令未系统接受过金融学教育的个人投资者受益，为他们制定股市投资策略提供些许借鉴。

  本书是国家自然科学基金（71563020）资助项目。最后，感谢中国社会科学出版社卢小生编审在本书出版过程中给予的帮助。

杨菁菁
2017 年 5 月 27 日